Gert Cloßmann
Die Welt der Kuh Lisa

Gert Cloßmann

Die Welt
der Kuh Lisa

Ein Buch zum Vorlesen, Lesen und Ausmalen

Illustration und Umschlaggestaltung
Julia Thurnau

R. G. Fischer Verlag

Bibliografische Information der Deutschen Nationalbibliothek
Die Deutsche Nationalbibliothek verzeichnet diese Publikation in
der Deutschen Nationalbibliografie; detaillierte bibliografische
Daten sind im Internet über http://dnb.d-nb.de abrufbar.

© 2010 by R.G.Fischer Verlag
Orber Str. 30, D-60386 Frankfurt/Main
Alle Rechte vorbehalten
Schriftart: NewCentury
Herstellung: RGF / NL
Printed in Germany
ISBN 978-3-8301-1333-1

Inhalt

Zur Person

Name: Lisa

Geboren: ja

Alter: kaum

Größe: ziemlich

Gewicht: ganz schön

Eigenschaften: gutmütig, hilfsbereit und sehr gemütlich

Liebste Beschäftigung: In der Sonne auf der Weide liegen und dösen. Dabei saftiges Gras und fetten Klee mampfen. Außerdem: mit Freunden und Freundinnen schwatzen

Lisa

Lisa war eine prächtige Kuh mit einem schönen, schwarz und weiß gefleckten Fell. Besonders wohl fühlte sie sich im Frühling und im Sommer, wenn sie gemeinsam mit ihren besten Freundinnen Rosa und Elvira und all den anderen Kühen aus dem engen Stall hinaus auf die Weide und in die freie Natur durfte. Hier konnte sie nicht nur die Landschaft um sie herum betrachten, sondern auch hier und da mal einen Plausch mit Tieren halten, die sie während der kalten Jahreszeit im Stall nie zu sehen bekam. Gemächlich kauend lag Lisa nun mitten auf der großen Weide und genoss das milde Frühlingswetter. »Ach ist das herrlich, sich die warme Sonne auf das Fell scheinen zu lassen und das frische Gras und den fetten Klee zu riechen. Und wie die vielen Frühlingsblumen duften«, dachte Lisa.

»Das ist doch etwas ganz anderes, als in den düsteren Wintermonaten in dem langweiligen Stall zu stehen, in dem man immer nur rundherum die Wände und die anderen Kühe zu sehen bekommt. Und dazu das Essen; Trockenfutter oder Heu, das schmeckt alles wie Stroh«, dachte Lisa bei sich. Wie zur Bekräftigung rupfte sie mit dem Maul ein wenig von dem saftigen fetten Klee vor ihrer Nase und kaute genüsslich dar-

auf herum. Dabei ließ sie den Blick rundum über die Landschaft schweifen. In der Ferne konnte sie die hohen Berge sehen, die sich fast bis in den Himmel reckten und die selbst im heißesten Sommer ihre dikken Schneemützen auf dem Kopf behielten. Davor, oder besser gesagt schon auf halber Höhe der Berge, begann der Wald, der sich über den gesamten Horizont erstreckte. Zwischen dem Wald und einigen Hügeln lagen zwei Dörfer, wie hineingestreut in die wunderschöne Landschaft, die, wie Lisa bei sich dachte, wie in einem Bilderbuch aussah. Dabei war es bis auf das gelegentliche Zwitschern der Vögel und Rascheln der Blätter im lauen Wind nahezu mucksmäuschenstill. Nur ab und zu konnte man das Rauschen der fernen Autobahn hinter den Hügeln hören.

Die Libelle Sibylle kommt zu Besuch

Gerade als sie versuchte, sich anhand des Kirchturmes ihres Dorfes zu orientieren, um zu sehen, wo im Dorf ihr Stall lag, da schwirrte etwas fast lautlos, dass Lisa kaum mehr als einen Luftzug verspürte, an ihrem linken Ohr vorbei und rief:»Hallo Lisa, wie geht es dir? Ist das nicht ein herrlicher Tag heute?« Ganz verdutzt und aus ihren Gedanken aufgeschreckt schaute Lisa nach links, konnte aber niemanden sehen. »Merkwürdig, wer hat mich denn da eben gerufen?«, fragte Lisa.»Ich!« rief es nun von vorne, worauf Lisa den Kopf in diese Richtung wandte. Da saß auf einem gelben Himmelschlüssel die Libelle Sibylle und lachte.»Deinen Blick solltest du mal sehen«, sagte Sibylle. »Ich wusste gar nicht, was für dumme Gesichter du machen kannst«, sagte sie kichernd.»Ja, ja, lach du nur. Erst erschreckst du mich und wärst beinahe in mein Ohr geflogen und dann neckst du mich auch noch, indem du mal von hier und mal von da rufst«, schimpfte Lisa.»Soll man dazu etwa ein intelligentes Gesicht machen?«»Aber Lisa, du weißt doch, dass ich gern mal einen Spaß mache und dir nichts Böses antun würde«, antwortete Sibylle.»Nun schau nicht so finster und mach wieder ein freundliches Gesicht.«

»Ist ja schon gut«, antwortete Lisa.»Du konntest ja

nicht wissen, dass ich gerade die schöne Landschaft betrachtet und versucht habe, von hier aus meinen Stall zu sehen«, sagte sie. »Na, dann steh doch mal auf, dann hast du doch gleich einen viel besseren Überblick«, erwiderte Sibylle. Dabei hob sie von dem Himmelschlüssel, auf dem sie gerade gesessen hatte, ab und schwirrte in die Höhe. »Da ist dein Stall und der Hof vom Bauern Gruber«, rief sie und zeigte dabei in die Richtung des Dorfes. »Aber warum willst du denn den Stall sehen? Willst du etwa schon wieder dort hinein?«, fragte Sibylle und ließ sich wieder auf dem Himmelschlüssel nieder. »Nein, ich wollte mich nur ein wenig orientieren und von hier aus sehen, wo was liegt«, sagte Lisa. »Das hast du doch aber vorher auch schon gewusst. Was soll das denn für ein merkwürdiges Spiel sein?«, fragte Sibylle. »Komm, steh lieber auf und wir schauen uns gemeinsam ein wenig um. Du glaubst gar nicht, wer heute früh schon alles unterwegs ist«, forderte sie Lisa auf. »Ach weißt du, ich liege jetzt gerade so gemütlich hier. Ich habe eigentlich gar keine Lust, aufzustehen und umherzulaufen«, murrte Lisa. »Ach komm schon«, drängelte Sibylle. »Der kleine Marienkäfer Fido flitzt schon seit Stunden wieder übermütig umher. Beinahe hätte er sich dabei in dem großen Netz verfangen, das die dicke Spinne Gisela an der Ecke der Weide zwischen einem Ast und einem Zaunpfahl geknüpft hat«, plapperte Sibille munter drauflos. »Oh ja, das habe ich während der vergangenen

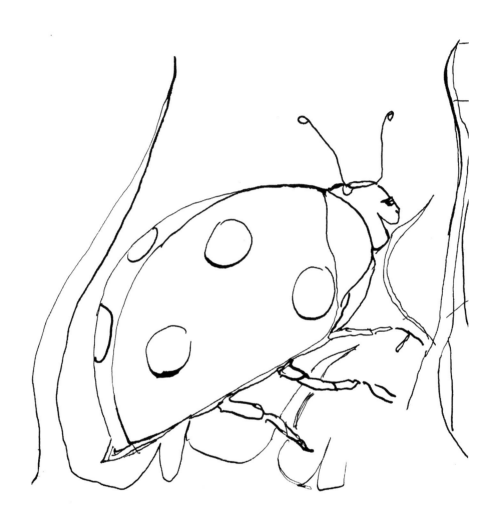

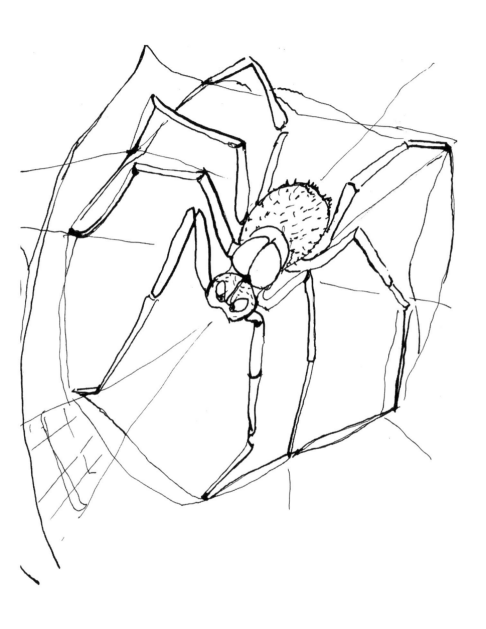

Tage auch schon erlebt«, pflichtete Lisa bei. »Und seine arme Mama Florentine weiß gar nicht mehr, wie sie ihren kleinen Wildfang bändigen soll. Immer hat sie Angst, dass ihrem kleinen Fido etwas passieren könnte«, sagte Lisa. »Da hat sie aber auch recht, so wild, wie der Kleine überall umhertollt«, stimmte Sibylle zu. »Aber weißt du«, schwatzte Sibylle weiter, die Gisela sitzt schon den ganzen Morgen mitten in ihrem Netz und beobachtet alles und jeden und was so vor sich geht, um ja nichts zu verpassen. Aber heute ärgert sie sich. Stell dir mal vor. Direkt unter ihrem Netz haben die Ameisen scheinbar über Nacht einen neuen Bau errichtet, ohne dass Gisela etwas bemerkt hätte. Jetzt sieht sie nur, wie die kleinen Krabbeltiere alles Mögliche umherschleppen und sich mühen. Sie bekommt aber nicht mit, was die Ameisen in ihrem Hügel tun. Noch dazu kennt sie niemanden, der ihr erzählen könnte, was in dem Bau vorgeht. Deshalb schaut die Gisela heute so grimmig und merkt offenbar gar nicht, was für einen schönen Tag wir haben«, sagte Sibylle. »Was du so alles siehst und erfährst«, wunderte sich Lisa.

»Na ja, wenn man so umherfliegt, bekommt man wirklich viel mit. Viel mehr, als wenn man nur auf der Weide liegt«, sagte sie mit einem schiefen Blick auf Lisa. Die tat aber so, als hätte sie diese Bemerkung gar nicht gehört. Stattdessen fragte sie: »Wen hast du denn sonst noch getroffen?« »Oh, du wirst es nicht glauben, die Hummeln Grummel und Brummel habe ich auch schon gesehen. Sie sind schon fleißig und sammeln Nektar aus den Kleeblüten in der Nähe des Teichs. Anscheinend haben sie heute bei dem schönen Wetter auch gute Laune. Sie waren gar nicht so grummelig und brummelig wie sonst und haben sogar freundlich guten Morgen gewünscht. Auch der Frosch Plitschplatsch sonnt sich schon auf einem großen Seerosenblatt auf dem Teich und quakt fröhlich vor sich hin«, schnatterte Sibylle weiter. »Willst du nicht doch lieber mitkommen? Wir treffen bestimmt noch einige von unseren Freunden«, forderte sie Lisa auf. Die hatte aber nach wie vor keine Lust, ihren bequemen Platz zu verlassen und wollte lieber dort liegen bleiben.

»Ich komme ein anderes Mal wieder mit«, sagte Lisa. »Kühe sind nun mal anders gestrickt als Libellen. Wir können nicht den ganzen Tag von einem zum anderen flitzen, mal hier und da vorbeischauen und nie richtig Ruhe geben. Wir müssen uns auch mal ausruhen.« »Na, das wäre ja noch schöner, wenn wir Libellen so wären wie Kühe und den ganzen Tag auf der Weide grasen, dabei herumstehen oder auf der Wiese liegen. Das wäre ein schönes Gedrängel, wenn zu den Kühen auch noch die Libellen auf die Weide kämen«, meinte Sibylle. »Oder meinst du, wir sollten einmal die Rollen vertauschen«, fragte Sibylle. »Stell dir mal vor, wie das aussehen würde, wenn die Libellen auf der Weide stehen und liegen würden, und die Kühe würden umherschwirren und sich mal hier und dort auf eine Blüte setzen.« Als Lisa das hörte, begann sie zu prusten und zu lachen: »Hahaha, muuhuhu, hahaha, muuhmuuh.« Dabei kullerten ihr vor lauter Lachen dicke Tränen aus den großen runden Kuhaugen. »Sibylle, du bist unmöglich«, prustete sie. Erst erschreckst du mich und dann bringst du mich zum Lachen, dass mir davon der Bauch wehtut.« »Lisa, Lachen ist doch gesund und dir tut das auch gut, so müde und träge, wie du heute auf deiner Weide liegst. Aber ich nehm es dir nicht übel, wenn du deine Ruhe haben willst. Wir können ja auch ein anderes Mal wieder gemeinsam über die Weide streifen und uns umschauen. Ich mache mich dann mal auf den Weg. Mach

es gut, bis bald«, sagte Sibylle und schwebte davon. »Bis bald«, rief Lisa hinter der Libelle her und streckte sich behaglich aus. Dabei blickte sie sich noch einmal um und schaute zu dem strahlend blauen Himmel hinauf. »So schön darf jeder Tag sein«, dachte Lisa.

Und während sie so dalag, hatte sie das Gefühl, dass die warmen Sonnenstrahlen und der sanfte Wind ihr das Fell streichelten.

Oskar und die freche Fliegenbande

Doch kaum hatte Lisa es sich gemütlich gemacht und die Augen geschlossen, da spürte sie ein Kitzeln auf der Nasenspitze. Zunächst dachte sie sich nichts weiter dabei und schüttelte kräftig den Kopf. Aber das Kitzeln hörte nicht auf. »Nein, so kann ich nicht in Ruhe vor mich hin dösen, das stört mich gewaltig. Was ist das nur, das mich auf der Nase kitzelt?«, fragte sie sich. Dabei öffnete sie langsam die Augen und versuchte in Richtung ihrer Nasenspitze zu blinzeln. Dabei sah sie zunächst einmal gar nichts. Deshalb versuchte sie erst mit dem linken und dann mit dem rechten Auge ihre Nasenspitze beziehungsweise das, was sie dort kitzelte, zu erkennen. Aber so klappte das nicht. Sie konnte nichts erkennen. Also versuchte sie beide Augen nach innen zu drehen und auf ihre Nasenspitze zu schauen, bis sie ganz fürchterlich schielte. Aber so konnte sie allmählich etwas kleines, fast wie einen schwarzen Punkt, erkennen. Und dann sah sie, wer sie da kitzelte, und war sogleich empört.

Da trippelte und tänzelte doch Oskar, der Anführer der frechen Fliegenbande, auf ihrer Nasenspitze umher und verursachte so ein Kitzeln, dass sie beinahe niesen musste. »Was soll das, Oskar«, schimpfte Lisa. »Du kitzelst mich auf der Nase.« »Ich wollte dir doch

nur helfen, Lisa. Hier hat ein Krümel geklebt. Den wollte ich dort wegnehmen«, sagte Oskar. »Ach, du edler Wohltäter. Wenn ich dich nicht besser kennen würde, könnte ich vielleicht glauben, was du erzählst«, schimpfte Lisa. »Wenn dort wirklich ein Krümel gewesen wäre, hätte ich ihn längst bemerkt und entfernt.« »Aber Lisa, hier war wirklich ein Krümel. Statt mir zu danken, beschimpfst du mich. Du hättest doch niemals einen Krümel von deiner Nase entfernen können«, beschwerte sich Oskar. »So einen Krümel zu entfernen ist doch kein Problem für mich«, erwiderte Lisa. »Schau«, sagte sie und ehe es sich der freche Oskar versah, schnellte Lisas dicke, klebrige Zunge mit Schlapp und Klatsch mitten auf ihre Nase, sodass Oskar nur mit knapper Not noch zur Seite schwirren konnte. »Du bist gemein, Lisa«, zeterte Oskar, dem vor lauter Schreck noch alle Haare zu Berge standen. »Du wolltest mich umbringen und auffressen«, schimpfte er.

»Ach Oskar, was behauptest du denn da für einen Unsinn? Du weißt doch ganz genau, dass ich nur Gras und Klee fresse und keine Fliegen«, erwiderte Lisa. »Ja, ja, das sagst du so. Ich weiß gar nicht, was du so alles vertilgst. Aber diesen gemeinen Mordanschlag sollst du mir büßen«, zeterte der Anführer der Fliegenbande. Noch während er sprach, gab er seinen Kumpanen heimlich ein Zeichen und ehe sie es sich versah, schwirrte und summte es um ihren Kopf herum.

Fliegen krabbelten nicht nur auf Lisas Nase, sie summten und brummten um ihren Kopf, sie krabbelten und kitzelten sie auf und in den Ohren. Sogar auf den Augenlidern trippelten die widerlichen Krabbeltiere umher und versuchten in Lisas Augen zu kriechen. Lisa schüttelte wie wild ihren Kopf, sie schwenkte ihn hin und her, klimperte mit den Augen und wedelte mit den Ohren. Aber so sehr sie auch versuchte, sich von den lästigen Fliegen zu befreien, es half alles nichts, selbst wenn sie ihre Zunge wieder und wieder auf die Nase klatschen ließ. Diese schwirrende und summende Plage ließ nicht locker und piesackte die arme Kuh. Zwar schwirrten die Fliegen, kaum dass Lisa den Kopf bewegte, immer mal wieder auf, doch im Handumdrehen saßen sie wieder an der gleichen Stelle wie zuvor. Derweil überlegte Lisa fieberhaft, wie sie sich möglichst schnell von Oskar und seinen Kumpanen befreien könnte. Und weil sie keine dumme Kuh war, fiel ihr auch bald ein, wovor sich diese gemeinen Biester besonders fürchteten.

Allerdings wollte sie zunächst einmal versuchen, ob sie die frechen Plagegeister nicht auch auf andere Art und Weise loswerden könnte.»Na wartet. Wir wollen doch einmal sehen, ob ich euch nicht irgendwie verscheuchen kann. Und wenn mir das nicht gelingen sollte, dann habe ich eine ganz besondere Überraschung für euch«, dachte Lisa bei sich. Mit einer Geschwindigkeit, die niemand der guten Lisa zugetraut

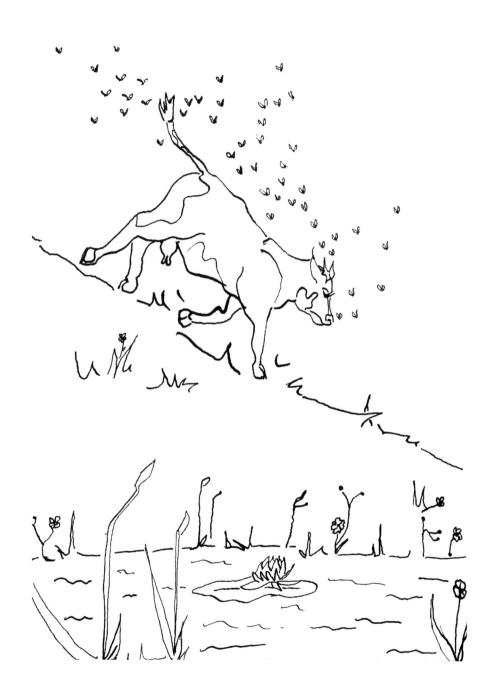

hätte, sprang sie mit einem Satz auf alle vier Beine und schüttelte sich wie ein nasser Hund, der versucht, nach einem Bad sein Fell zu trocknen. Oskar und seine Fliegenbande waren so erschrocken, dass sie zunächst gar nicht wussten, wie ihnen geschah. Kaum eine der Fliegen konnte sich an Lisa festhalten. Oskar schrie:»Hör auf damit, Lisa. Uns wird ja ganz schwindlig, wenn du dich so schüttelst.«»Ich kann mich doch schütteln und noch ganz andere Dinge tun, solange mir das gefällt. Schließlich habe ich euch nicht eingeladen, mich zu krabbeln und zu kitzeln«, antwortete Lisa.

Dann rannte sie plötzlich los, dass Oskar und seine Freunde Mühe hatten, ihr zu folgen. Dabei rief Lisa so laut, dass alle auf der Weide sie hören konnten:»Alle aufpassen, dass ich niemandem wehtue. Aber ich muss Oskar und seine Plagegeister loswerden. Sie ärgern mich und kitzeln und krabbeln überall an mir herum.« Lisa rannte und schlug dabei Haken wie ein Hase. Beinahe wäre sie mit dem kleinen Marienkäfer Fido, der gerade über die Wiede geschwirrt kam, zusammengestoßen. Ehe Fido merkte, was da vorging, fand er sich mitten in einem Schwarm Fliegen wieder. »Lasst mich in Frieden, ihr schrecklichen Fliegen«, schimpfte Fido.»Und lasst gefälligst die arme Lisa in Ruhe, die hat euch doch nichts getan.«»Von wegen nichts getan«, wetterte Oskar.»Sie hat versucht mich aufzufressen.«»So ein Quatsch«, sagte Fido.»Lisa frisst doch nur Gras und Klee und keine Fliegen. Schert euch lieber fort und vergnügt euch auf dem Misthaufen, auf dem ihr ja sonst auch immer sitzt.« Doch so plötzlich Fido in den Fliegenschwarm hineingeraten war, so plötzlich war er wieder allein. Lisa und die Fliegen hatten sich schon ein ganzes Stück weit von ihm entfernt.

Von Weitem sah Fido gerade noch, wie die Hummeln Brummel und Grummel hektisch aus einem Kleekissen emporschwirrten. Dort hatten sie bis eben noch fleißig Nektar gesammelt, als Lisa an ihnen vorbeistürmte.»Oje, oje, jammerte Grummel. Du hättest uns beinahe zertreten, Lisa.«»Ist ja schon gut, uns ist doch nichts passiert«, beschwichtigte Brummel. Wir hätten besser aufpassen müssen. Lisa hat doch laut gerufen und alle gewarnt. Nein, nein, nein, immer wieder sorgt Oskar für Ärger und Aufregung.« Aber so schnell Lisa, verfolgt von den Fliegen, aufgetaucht war, so schnell war sie auch schon wieder fort. Die lästigen Krabbeltiere war sie indes noch immer nicht los. In halsbrecherischem Galopp lief sie nun einen großen Bogen, ganz dicht an Giselas Spinnennetz vorbei. Der Spinne verschlug es vor Schreck beinahe den Atem. Doch dann schimpfte sie lauthals hinter Lisa her:»Kannst du nicht aufpassen? Beinahe hättest du mein schönes Netz zerrissen.« Doch Lisa hörte kaum, was die Spinne sagte, und rannte weiter. So bekam sie auch nicht mit, dass Gisela, nachdem sie sich beruhigt hatte, sich für die Extramahlzeit bedankte. Denn als

Lisa an dem Netz der Spinne vorbeigelaufen war, hatten sich einige der Fliegen darin verfangen und zappelten nun hilflos in der Falle herum.

Der Frosch Plitschplatsch

»Nun, wenn ich euch bisher nicht losgeworden bin, dann habe ich jetzt eine schöne Überraschung für euch«, sagte Lisa zu Oskar, der sich noch immer auf ihrer Nasenspitze festklammerte. Und damit stürmte sie die leicht abschüssige Weide hinunter. Dort befand sich, eingebettet zwischen der Weide und einem kleinen Wäldchen, ein Teich mit wunderschönen Seerosen. Deren große Blätter nutzten der Frosch Plitschplatsch und seine Familie gern zum Sonnenbaden, aber auch um Mücken und Fliegen zu fangen. Kurz vor dem Teich verlangsamte Lisa ihr Tempo, trottete dann gemächlich auf das Ufer zu und ließ sich dort nieder. Nachdem sie sich ausgestreckt hatte, machte sie laut »Puuh« und dachte bei sich: »Jetzt muss ich erst einmal Luft holen.« Dabei blickte sie verstohlen über die Wasseroberfläche des Teichs, konnte aber weder Plitschplatsch noch irgendeinen anderen Frosch sehen. »Nanu, wo stecken denn die Frösche?«, dachte sie. »Sibylle hat doch vorhin erzählt, sie hätte Plitschplatsch beim Sonnenbaden auf einem Seerosenblatt gesehen. Na ja, wahrscheinlich taucht er bald wieder auf. Von Zeit zu Zeit tauchen die Frösche ja im See unter und ruhen sich, wenn sie wieder aufgetaucht sind auf den Blättern der Seerosen aus.«

Indessen krabbelten die Fliegen weiter munter auf Lisas Nase, Ohren und Augen umher. »Na, dir ist wohl die Puste ausgegangen«, neckte sie der freche Oskar. »Siehst du, uns kriegst du so schnell nicht wieder los«, sagte er. Doch Lisa reagierte gar nicht auf den Chef der Fliegenbande und hielt stattdessen Ausschau nach Plitschplatsch. »Das könnte so ein schöner Tag sein, wenn diese Fliegen nicht wären«, dachte Lisa. »Wo nur die Frösche bleiben? Merkwürdig, dass sie es so lange unter Wasser aushalten. Ich könnte das bestimmt nicht. Das wäre ja entsetzlich, wenn ich unter Wasser wäre und keine Luft mehr zum Atmen hätte. Ich darf gar nicht daran denken, sonst werde ich vor lauter Angst gleich ganz zappelig. Aber Gott sei Dank liege ich ja hier im Gras und hoffe, dass Plitschplatsch oder ein anderer Frosch endlich auftaucht.«

Kaum hatte sie das gedacht, da hörte sie ein leises Blubbern und Planschen. Und sieh da, Plitschplatsch tauchte auf und kletterte auf ein Seerosenblatt ganz in ihrer Nähe. »Schön sieht er aus«, dachte Lisa, als der nasse Frosch auf das Blatt stieg und seine braungrüne Haut in der Sonne glitzerte, als wäre sie rundherum mit Edelsteinen besetzt. »Hallo Plitschplatsch«, rief Lisa. »Ist das nicht ein schöner Tag heute? Wie geht es dir?« »Oh, guten Morgen, Lisa. Mir geht es sehr gut. Die Sonne scheint, das Wasser wird allmählich wärmer und die ersten Mücken und Fliegen schwirren auch schon unvorsichtig über die Wasseroberfläche.

Dadurch finden wir Frösche von Tag zu Tag wieder mehr von unserer Lieblingsspeise. Mehr brauchen wir eigentlich gar nicht, um glücklich zu sein, und so können wir an einem Tag wie heute das Leben richtig genießen«, sagte der Frosch. »Na, dann kannst du wohl gar nicht brauchen, was ich dir mitgebracht habe«, antwortete Lisa. »Was hast du mir denn mitgebracht?«, fragte Plitschplatsch. »Schau doch mal, was da alles an mir herumkrabbelt und mich ärgert und kitzelt«, forderte Lisa den Frosch auf.

Die Fliegen hatten dem Gespräch der Kuh mit dem Frosch mit wachsendem Unbehagen zugehört. Nun bekamen sie es aber wirklich mit der Angst zu tun. Wollte Lisa sie etwa an Plitschplatsch und die anderen Frösche verfüttern? Oskar standen vor Entsetzen sämtliche Haare zu Berge. Er zitterte, wie auch seine Kumpane, am ganzen Leib und schrie: »Nichts wie weg hier. Die Lisa ist ja so gemein und bösartig. Sie will uns den Fröschen zum Fraß vorwerfen.« Und im Handumdrehen ließen alle Fliegen von Lisa ab und schwirrten aufgeregt und vor Angst schlotternd davon. »Endlich habe ich wieder meine Ruhe«, sagte Lisa und bedankte sich bei dem Frosch. »Aber ich habe doch gar nichts getan, dass du mir danken müsstest«, sagte Plitschplatsch. »Na ja«, antwortete Lisa. »Getan hast du eigentlich wirklich nichts. Aber ohne dich hätten mich Oskar und seine Fliegenbande weiter geärgert. Nachdem Schütteln und ein wilder Galopp über die

Weide nicht geholfen haben, die Quälgeister loszuwerden, warst du meine letzte Rettung. Ich wusste doch, dass Fliegen sich vor Fröschen fürchten.« »Ach so«, sagte Plitschplatsch. »Ein paar hätte ich tatsächlich vertragen können. Aber Oskar und seine Kumpane sind ja so in Panik geraten und geflüchtet, dass ich gar keine Chance mehr hatte, mir ein zweites Frühstück zu holen.« »Wenigstens sind die Quälgeister jetzt fort«, sagte Lisa und beide lachten herzlich über die überstürzte Flucht der Fliegen.

Während Lisa und Plitschplatsch nun schwiegen, schaute sich die Kuh erst einmal um. In diese Ecke der Weide war sie bisher noch gar nicht gekommen. Sie staunte, wie schön es auch hier war. »Eine richtig lauschige Ecke. So heimelig ist es hier mit dem kleinen Teich und dem Wäldchen«, dachte sie. Dabei blinzelte Lisa über die Wasseroberfläche, die in der hellen Sonne so stark reflektierte, dass sie die Augen blendete. Derweil blickte Plitschplatsch von seinem Seerosenblatt direkt in das Wasser vor ihm. »Was siehst du denn im Wasser vor dir?«, wollte Lisa wissen. »Ach, nichts Besonderes. Ich betrachte nur mein Spiegelbild«, antwortete der Frosch. »Wie kannst du dich selbst im Wasser sehen?«, fragte Lisa. »Die Oberfläche ist heute so glatt wie ein Spiegel«, sagte Plitschplatsch. »Warum kann ich mich dann nicht auch sehen?«, wollte Lisa wissen. »Dann wirst du wohl aufstehen und dichter an den Teich herangehen müssen. Dann kannst du auch dein Spiegelbild sehen«, antwortete ihr der Frosch. »Ach so«, meinte Lisa. »Dann kann ich das ja auch nachher mal probieren. Jetzt bin ich noch ganz erschöpft und muss mich noch ein Weilchen ausruhen, bevor ich wieder aufstehe. Ich würde gern auch mal in den kleinen Wald gehen und sehen, wie es darin ist.« »Dann musst du aber durch den Teich schwimmen«, sagte Plitschplatsch. Der Weidezaun führt nämlich an dem Wäldchen vorbei bis an das Ufer. »Auweia, ich kann doch nicht schwimmen«, klagte Lisa. »Nun sei nicht traurig, so interessant ist der Wald nun auch wieder nicht. Ich habe vom Ufer aus schon mal hineingeschaut. Weil es dort kein Wasser gibt, würde meine Haut austrocknen. Deshalb bleibe ich lieber hier, wo ich bin. Und für dich gibt es dort weder Gras noch Klee und auch keine duftenden Wiesenkräuter«, erzählte der Frosch. Lisa dachte einen Moment nach und sagte dann: »Trotzdem würde ich gern einmal sehen, wie es in einem Wald aussieht. Aber vielleicht gibt es irgendein anderes Mal eine Gelegenheit dazu.«

»Quaaaaak«, rief Plitschplatsch plötzlich. »Was willst du denn damit sagen?«, fragte Lisa. »Kannst du etwa Quark machen?« Doch der Frosch antwortete nicht. Stattdessen blickte er sich in der Gegend um und rief erneut: »Quaaaaak.« Lisa schaute ihn ratlos an und fragte noch einmal: »Kannst du wirklich Quark machen?« Doch Plitschplatsch dachte gar nicht daran, zu antworten. Er schaute mal zu Lisa und mal irgend-

wo in die Gegend und rief dann wieder:»Quaaaaak.«
Ach Plitschplatsch, nun sag doch, was das heißen soll.
»Kannst du Quark machen oder möchtest du vielleicht
Quark haben?«, fragte Lisa. Der Frosch saß aber nur
auf seinem Seerosenblatt und sagte nichts.»Hast du die
Stimme verloren oder warum antwortest du nicht?«,
schimpfte Lisa nun sichtlich verärgert. Plitschplatsch
blieb jedoch trotzdem stumm und auf einmal sprang
er von seinem Blatt auf und plitsch, platsch tauchte er
in das Wasser des Teichs ein.

Was macht er denn jetzt?«, fragte sich Lisa.»Ich
habe Plitschplatsch doch nur etwas gefragt. Da kann
er doch nicht einfach abtauchen. Also, ich finde das
sehr unhöflich«, dachte sie bei sich. Dabei stand sie
langsam auf und machte ein paar vorsichtige Schritte
in Richtung des Teichufers. Zunächst schaute sie sich
um und versuchte dann im Wasser etwas zu erkennen.
Aber da war kein Frosch zu sehen. Stattdessen blickte
sie eine zweite Lisa aus der spiegelnden Oberfläche
des Teichs an. Oh, dachte sie, Plitschplatsch hat also
nicht geflunkert. Ich kann mich im Wasser erkennen
wie in einem Spiegel.« Behutsam tat sie einen weiteren Schritt auf das Ufer zu, aber nach wie vor konnte
sie nichts im Teich erkennen, weder einen Frosch noch
ein anderes Lebewesen. Nur ihr Spiegelbild schaute
sie an. Nun nahm sie allen Mut zusammen und ging
ein paar weitere Schritte bis in das seichte Wasser hinein. Aber oh Schreck. Gerade als sie das rechte Vor-

derbein hob, um vorsichtig noch ein Stück weiter vorwärts zu gehen, geriet sie auf dem glitschigen Boden der Uferböschung ins Rutschen und plumpste laut platschend kopfüber in den Teich. Das kleine Gewässer geriet dadurch völlig aus den Fugen, denn Lisas massiger Körper löste beim plötzlichen Eintauchen in den Teich gewaltige Wellen aus. Das Wasser schwappte in allen Richtungen über die Ufer, die Seerosen sausten auf den Wogen so heftig wie auf einer Achterbahn auf und ab, dass die Frösche, die verschreckt aus dem Wasser auftauchten, Mühe hatten, auf deren Blätter zu klettern. Selbst die Fische bemerkten, dass irgendetwas Außergewöhnliches passiert sein musste. Ein Schwarm Karpfen schwamm plötzlich nach Luft schnappend und über die ungeheuerliche Störung ihres beschaulichen Lebens schimpfend auf dem Kamm einer Welle. Zwei Hechte lugten verstört aus einer Woge heraus und wunderten sich, was ihren kleinen Teich im Handumdrehen in ein solch tosendes Gewässer verwandelt hatte. Sogar der dicke alte Wels, der sich üblicherweise nur am Grund des Gewässers umhertrieb, fühlte sich in seiner Ruhe gestört. In einem Wellental schnupperte er plötzlich frische Luft, ein für ihn völlig fremdes Element. Dabei hatte er ein Gesicht aufgesetzt, als sei er beleidigt. Dies wurde durch die zu beiden Seiten seines Mauls herabhängenden Spitzen seines Schnurrbartes noch unterstrichen. Aus seinem Wellental konnte er aber nicht erkennen, wie Lisa sich derweil am Rande des Teichs abmühte, wieder auf die Beine zu kommen.

Hatte sie schon immer Angst vor dem nassen Element gehabt, so war ihr der kurze Moment unter Wasser unendlich lang erschienen. Dabei hatte sie furchtbare Angst, ihr letztes Stündchen könnte geschlagen haben. Wie erleichtert und froh war sie nun, als sie wieder auftauchte und tief Luft holen konnte. Mit einem lauten Muuuuh, aber immer noch vor Schreck am ganzen Leib zitternd, meldete sie sich über Wasser zurück und rief:»Zu Hilfe, ich ertrinke!« Dabei bot Lisa einen lustigen Anblick. Überall an ihrem Körper hing Tang und Schlamm aus dem Teich und über ihrem linken Auge klebte ein Blatt einer Seerose.»Ich ertrinke, so helft mir doch«, rief sie erneut.

»Jetzt kannst du doch gar nicht mehr ertrinken. Das Wasser reicht dir ja gerade noch bis zum Bauch«, meldete sich da eine Stimme. Verdutzt schaute sich Lisa um. Dabei bemerkte sie, dass sie nur mit dem rechten Auge sehen konnte, schaffte es aber nicht, sich von dem Seerosenblatt auf dem Linken zu befreien. Sehen konnte sie niemanden.»Na so was. Bin ich etwa so hart auf den Kopf gefallen, dass ich jetzt Stimmen höre?«, fragte sie sich.»Wer spricht denn da mit mir?«, fragte sie.»Ich, Plitschplatsch«, antwortete die Stimme.»Ja wo steckst du denn?«, wollte Lisa wissen.»Ich sitze auf deinem Kopf. Als du aufgetaucht bist, hast du mich mitsamt dem Seerosenblatt aus dem Wasser gehoben. Und nun sitze ich hier und weiß nicht, wie ich wieder runter kommen soll«, antwortete der Frosch. »Oh, das tut mir aber leid«, sagte Lisa. »Aber wenn du nicht so unhöflich zu mir gewesen wärst, wäre das alles nicht passiert.« »Ich war doch nicht unhöflich«, meinte Plitschplatsch. »Wie willst du dein Benehmen denn sonst nennen? Ich habe dich höflich etwas gefragt. Aber statt mir zu antworten, bist du ins Wasser gesprungen und abgetaucht«, entgegnete die Kuh. »Das war doch nicht unhöflich. Du hast mir eine so dumme Frage gestellt, dass ich darauf lieber gar keine Antwort geben wollte«, erwiderte der Frosch. »Was ist denn daran dumm, wenn ich wissen will, warum du immer, ›Quark‹ rufst. Dumm ist und bleibt nur der, der etwas nicht weiß und nicht fragt«, antwortete Lisa. »Ja wenn du das so siehst, dann hast du natürlich recht und ich muss mich bei dir entschuldigen«, meinte Plitschplatsch. »Ist schon gut, aber damit hast du mir immer noch nicht verraten, warum du immer ›Quark‹ rufst«, sagte Lisa. »Ach Lisa, du musst nur einmal genau zuhören, was Frösche rufen. Wir wollen keinen Quark und wir haben auch keinen zu verkaufen. Frösche rufen Quaaak, so wie Kühe Muh sagen. Das gehört zu unserer Sprache, die nur wir untereinander verstehen.« »Ach so ist das«, antwortete Lisa. »Das habe ich vorher nicht gewusst. Aber wenn du mir gleich geantwortet hättest, wäre ich nicht in den Teich gefallen.«

»Wie ist das denn überhaupt passiert«, wollte Plitschplatsch wissen. »Als du abgetaucht warst, habe ich mich geärgert, weil du mir nicht geantwortet hast. Nach einer Weile wollte ich dann nur mal nachsehen, ob ich dich vom Teichufer aus entdecken kann. Dabei habe ich mich wohl etwas zu weit in das flache Wasser mit dem schlickigen Grund vorgewagt und bin ausgerutscht«, antwortete sie. »Na Gott sei Dank ist dir außer dem Schrecken nichts Schlimmeres geschehen«, wollte der Frosch sie trösten. »Ach ist schon gut, Plitschplatsch. Aber jetzt müssen wir sehen, wie du unbeschadet von meinem Kopf zurück ins Wasser kommst. Außerdem würde ich gern von dem Blatt auf meinem Auge und all dem Zeugs, das an mir klebt, befreit«, sagte Lisa. »Das ist nicht schwer«, meinte der Frosch und gab der Kuh Anweisungen. »Dreh dich vorsichtig um und geh langsam rückwärts aus dem Wasser. Dabei wird das Blatt ganz von selbst wieder in den Teich zurückgezogen. Seerosen haben nämlich sehr lange Stiele und an so einem hängt das Blatt noch immer.« Lisa ließ sich von Plitschplatsch dirigieren und so gelangte sie endlich ohne Seerosenblatt auf dem Auge wieder zurück auf festen Boden und die ihr vertraute Weide. »So, wenn du dich nun hinlegst, kann ich auf den Boden springen und in den Teich hüpfen«, sagte der Frosch. Und genauso machten sie es auch. Lisa war froh, sich wieder ins Gras legen zu können, und Plitschplatsch saß im Handumdrehen wieder auf einem Seerosenblatt und quakte. »Wie werde ich denn jetzt den ganzen Schlamm und den Tang wieder los?«, fragte Lisa den Frosch. »Warte, bis alles getrocknet ist. Dann wälzt du dich mal so richtig im Gras und alles ist wieder fort«, entgegnete Plitschplatsch. »Das ist eine gute Idee«, antwortete Lisa. »Ich bleibe noch ein Weilchen hier liegen. Schließlich muss ich mich von dem Schrecken erst einmal erholen. Und bevor ich zurückgehe, werde ich mich ein wenig im Gras rollen und dabei den Schlamm und Tang abstreifen«

Der Maulwurf Gregor

Und so ruhte sich die Kuh eine Weile aus, wälzte sich dann im Gras, um Tang- und Schlammreste loszuwerden, und verabschiedete sich von Plitschplatsch. Gemächlich ging sie dann die Weide hinauf in Richtung des Platzes, an dem sie sich gewöhnlich aufhielt oder ihre Freundinnen traf. Noch immer musste sie an ihr unfreiwilliges Bad im Teich denken. Und so trottete sie ganz in Gedanken versunken vor sich hin, als plötzlich jemand hinter ihr herschimpfte: »Welches alte Trampeltier hat gerade meinen frisch aufgeworfenen Hügel zusammengetreten?« Verdutzt blieb Lisa stehen. »Damit kann ich doch nicht gemeint sein. Erstens bin ich nicht alt und zweitens bin ich kein Trampeltier«, dachte sie bei sich. »He, ich spüre, dass du noch da bist«, rief irgendwer hinter ihr. Lisa drehte sich um und suchte mit den Augen die Umgebung ab, konnte aber noch immer nicht erkennen, wer da geschimpft und gerufen hatte. »Wer ist denn da?«, fragte sie. »Ich, Gregor, der Maulwurf«, erwiderte die noch immer verärgert klingende Stimme. »Ich kann dich zwar kaum erkennen, weil Maulwürfe nun einmal fast blind sind, aber ich weiß, dass du noch da bist.« »Ich kann dich aber nicht sehen oder spüren«, antwortete Lisa. »Wo steckst du denn?«, wollte sie wissen. »Na

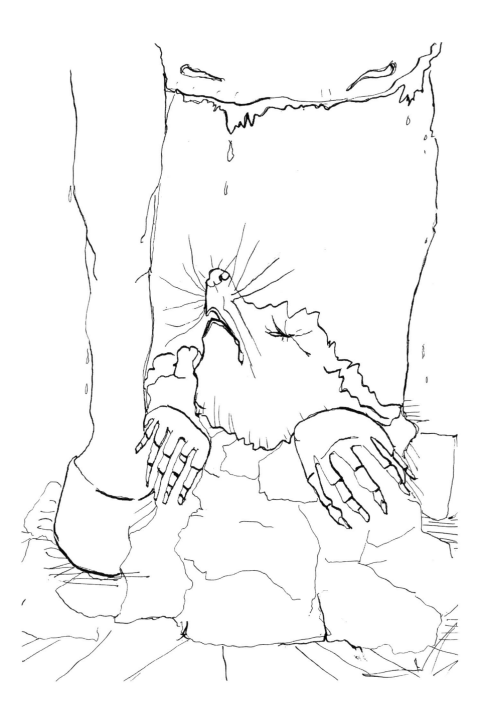

gleich hier neben dem Maulwurfshügel, den du zusammengetrampelt hast«, wetterte Gregor.

Und tatsächlich, direkt auf dem eingetretenen Maulwurfshügel saß Gregor. Ein solches Tier hatte Lisa noch nie gesehen. Sein Fell hatte nahezu die gleiche Färbung wie das Erdreich um ihn herum. Kein Wunder, dass Lisa ihn nicht gleich hatte sehen können. Nur sein rosafarbenes Schnäuzchen und die kleinen grau-rosa Füße hoben sich vom Schwarzbraun der Erde und seines Fells ab. »Bist du denn sicher, dass ich deinen Hügel zertreten habe?«, fragte Lisa, nachdem sie Gregor endlich entdeckt hatte. »Aber klar. Beinahe hättest du mir sogar auf den Kopf getreten, weil ich fast genau unter dem neuen Hügel war. Meine ganze Arbeit von heute Vormittag hast du zerstört«, schimpfte der Maulwurf. »Das tut mir sehr leid. Ich habe das bestimmt nicht mit Absicht getan«, erwiderte Lisa. »Ob mit Absicht oder nicht, ist mir egal«, ereiferte sich Gregor. »Nun beruhige dich doch. Kann ich dir denn helfen, deinen Hügel wieder aufzubauen?«, fragte Lisa. »Ach wie soll das denn gehen? Wenn du versuchst, meinen schönen Hügel wieder herzurichten, würdest du mit deinen großen Füßen nur noch mehr Schaden anrichten«, wetterte Gregor, der sich noch immer nicht beruhigt hatte.

Lisa fühlte sich mittlerweile ganz unglücklich. »Dann kann ich wohl nichts weiter tun, als mich zu entschuldigen«, sagte Lisa ganz kleinlaut. »Ich war noch so in Gedanken, weil ich in den Teich gefallen bin und dabei solche Angst hatte zu ertrinken«, versuchte sie Gregor zu erklären, warum sie seinen frischen Hügel nicht bemerkt und darauf getreten hatte. »Das konnte ich ja nicht wissen«, antwortete der Maulwurf jetzt freundlicher. »Wenn man gerade solch einen Schrecken erlebt hat, achtet man natürlich nicht so darauf, wo man gerade hintritt«, sagte er. »Dann muss ich mich wohl jetzt bei dir für meinen ruppigen Ton entschuldigen«, meinte Gregor. »Ach lass mal gut sein«, antwortete Lisa. »Aber sag mal, wofür sind denn deine Hügel eigentlich gut, die du überall auf unserer Weide aufwirfst?« »Die brauche ich für die Belüftung meiner Wohnung und der Wege unter der Erde«, antwortete der Maulwurf. »Durch die lockere Erde weht der Wind in die Gänge unter dem Gras. Und so bekommen meine Familie und ich immer frische Luft, auch wenn wir immer unter der Erde leben. Und weil es dort immer dunkel ist, brauchen wir unsere Augen kaum einmal. Deshalb sind sie so klein und sehen fast nichts. Unseren Weg finden wir aber immer ganz gut mit den Tasthaaren an unseren Schnauzen«, erklärte Gregor der Kuh. »Darüber habe ich mir noch nie Gedanken gemacht«, gab Lisa zu. »In Zukunft werde ich besser aufpassen, dass ich nicht wieder auf einen deiner Hügel trete. Und den anderen Kühen werde ich das besser auch erklären«, sagte sie. »Das wäre sehr nett von dir. Dann müsste ich nicht all die zusammengetretenen Hügel neu auflockern«, bedankte sich Gregor. »Aber nun muss ich mich an die Arbeit machen und diesen Hügel neu aufrichten. War nett dich kennenzulernen. Vielleicht treffen wir uns ja mal wieder«, sagte er. »Und ich werde auf meinen Platz zu den anderen Kühen zurückgehen«, meinte Lisa. »Entschuldige bitte noch mal mein Missgeschick. In Zukunft werde ich besser aufpassen. Auf Wiedersehen, Gregor.« Und damit trottete Lisa die Weide hinauf zu ihrem Platz und freute sich nach dem aufregenden und kräftezehrenden Vormittag auf frischen fetten Klee und ein gemütliches Mittagsschläfchen.

Die Biene Sabine

Sie hatte noch nicht ganz ihren Platz erreicht, da hallte ihr schon ein »Hallo Lisa« entgegen. Verblüfft blieb sie stehen und suchte, wer sie da wohl begrüßte. Sie tat noch zwei Schritte vorwärts und blickte sich um, konnte aber niemanden sehen. »Habe ich mich etwa getäuscht?«, dachte sie und ließ sich gemächlich auf ihrem Lieblingsplatz auf der Weide nieder. »Sprichst du nicht mehr mit jedem?«, fragte da jemand. »Wer ist denn da?«, fragte Lisa. »Ich kann niemanden sehen«, sagte sie und drehte den Kopf nach links und schaute sich in dieser Richtung um, dann blickte sie nach vorn und schließlich nach rechts. Und tatsächlich, da saß doch mitten in ihrem fetten, saftigen Klee die Biene Sabine und strahlte Lisa an. »Hallo Sabine, du musst schon entschuldigen, dass ich dich nicht gleich erkannt habe. Aber du kannst dir nicht vorstellen, was ich heute Vormittag alles erlebt habe«. »Oh, ich weiß schon Bescheid. Die Libelle Sibylle hat allen erzählt, wie dich der freche Oskar und seine Fliegenbande geärgert haben und wie du in den Teich gefallen bist. Sibylle wollte Hilfe für dich holen und alle waren auch bereit dir zu helfen, aber wir sind doch alle zu klein. Wie hätten denn der kleine Marienkäfer Flori und seine Mama Florentine, die Hummeln Brummel und

Grummel, die Spinne Gisela und ich dir helfen sollen, aus dem Teich zu kommen? Auch deine Freundinnen, die Kühe Rosa und Elvira, waren ratlos. Sie wussten nicht, wie sie dich hätten aus dem Wasser ziehen sollen. Aber es ist schön, dich auch so wohlbehalten wiederzusehen. Weißt du, was du so alles erlebt hast, das ist echt elefantastisch«, schwärmte Sabine. »Das verstehe ich nicht«, sagte Lisa. »Was ist denn elefantastisch?« »Wenn ich etwas riesig finde, wie das, was du erlebt hast, nenne ich das elefantastisch. Das ist mein Lieblingswort, weil mir der Elefant so gut gefallen hat«, erwiderte Sabine. »Und was ist ein Elefant?«, wollte Lisa wissen. »Das ist ein ganz riesiges Tier mit grauer, runzeliger Haut und vier Beinen, die alle dick wie Baumstämme sind. Es hat Ohren, von denen jedes so groß ist wie vier Rhabarberblätter, und da, wo du eine Nase hast, sitzt bei ihm ein großer Rüssel«, erklärte Sabine Lisa den Elefanten. »So ein Tier gibt es doch gar nicht, mit einem Rüssel, hahaha, Muuhuhu. Du machst dir einen Spaß mit mir«, antwortete Lisa. »Aber nein doch. Du kennst mich schon so lange und solltest deshalb auch wissen, dass ich dich nicht an der Nase herumführen würde«, protestierte Sabine. »Trotzdem kann ich mir kein solches Tier vorstellen, mit einem Rüssel auf der Nase«, widersprach Lisa. »Ich habe aber einen Elefanten gesehen«, beharrte Sabine. »Während der ersten warmen Tage, als der Frühling gerade begonnen hatte, bin ich so durch die

Gegend geflogen«, erzählte Sabine. »Ich wollte eigentlich nur schauen, ob schon etwas blüht, weil unser Honigvorrat fast aufgebraucht war. Und dabei habe ich im Nachbardorf einen Zirkus gesehen.« »Oh, ein Zirkus war im vorigen Jahr auch in unserem Dorf«, rief Lisa dazwischen. »Aber ich habe da nur ein großes Zelt und viele bunte Wagen gesehen, als unser Bauer uns auf die Weide geschickt hat«, sagte sie.

»Nun lass mich doch mal weitererzählen und unterbrich mich nicht immer wieder. Sonst erfährst du nie, was ich gesehen habe«, maulte Sabine. »Entschuldigung, ich unterbreche dich jetzt nicht mehr«, antwortete Lisa. »Also, als ich am Nachbardorf vorbeifliegen wollte, haben Männer Tiere aus dem Wagen in so was wie kleine Weiden getrieben, aber mit ganz hohen Zäunen aus Metallstangen. Ich hatte solche Tiere vorher auch noch nie gesehen. Das hat mich neugierig gemacht. Deshalb bin ich hingeflogen. Dort habe ich mich auf einen Zirkuswagen gesetzt und die Tiere angesehen. Zufällig wohnte in dem Wagen noch ein Tier, das ich nicht kannte, ein Affe. Den habe ich dann gefragt und er hat mir viel über sich und die anderen Tiere erzählt. »Jetzt hast du mich auch neugierig gemacht«, unterbrach Lisa. »Obwohl ich eigentlich müde bin von dem anstrengenden Vormittag, möchte ich jetzt doch gern erst einmal hören, was du über den ›Elefantastisch‹ gehört hast.« »Also Lisa, du bist heute unmöglich. Erstens unterbrichst du mich schon wie-

der, dass ich nicht weiter erzählen kann, und zweitens heißt das Tier Elefant«, schimpfte Sabine. »Ich habe nur gesagt, dass elefantastisch mein Lieblingswort für etwas ganz, ganz Großartiges ist«, sagte sie. »Ich bin jetzt so gespannt auf das, was du gehört und gesehen hast, dass es mir schwerfällt, einfach still zu sein«, entschuldigte sich Lisa.

Sabine erzählt von Elefant, Tiger, Löwe und Affe

»Na gut«, meinte Sabine. »Als ich da auf dem Dach des Zirkuswagens gesessen habe, konnte ich die Tiere genau betrachten. Keines davon hatte ich jemals zuvor gesehen. Deshalb wusste ich auch erst nicht, wie man sie nennt. Nach einer Weile kam plötzlich jemand auf den Wagen gesprungen. Er war sehr gelenkig, machte Purzelbäume und konnte sehr weit springen. Zuerst dachte ich, ein kleiner Mensch hätte sich mit einem fast schwarzen Fell verkleidet, weil er auch aufrecht gehen konnte. Aber dann hat er sich vorgestellt und mir gesagt, dass er ein Affe ist, ein Schimpanse. Er kommt aus Afrika. Das ist ein großer Kontinent mit vielen Ländern ganz weit im Süden. Noch weiter im Süden als Italien, wo die Menschen im Sommer immer hinfahren, um Urlaub zu machen. Dort in Afrika leben viele Affen im Urwald. Er sagt, sie leben dort hauptsächlich auf Bäumen. Dort finden sie ihre Nahrung, dort spielen und tollen sie umher und springen von Ast zu Ast und von Baum zu Baum.«

Weiter erzählte Sabine, was sie von dem Affen erfahren hatte: »Der Elefant kommt auch aus Afrika. Elefanten leben dort in großen Herden, aber nicht im Urwald, sondern in der Savanne. Das ist Grasland mit

vielen Bäumen. Elefanten fressen nämlich viel Grünzeug. Mit dem langen Rüssel können sie ganz leicht Blätter und kleine Äste zum Fressen von den Bäumen holen. Dann war da noch ein großes Tier mit einem hellbraunen Fell und einer mächtigen Mähne. Nicht so eine, wie die Pferde sie haben, nein, viel dichter und ganz wuschelig, fast um den ganzen Kopf herum. Der Affe sagt, das sei ein Löwe, eine große Raubkatze. Der stammt ebenfalls aus Afrika und lebt wie der Elefant in der Savanne. Und stell dir vor, Löwen ernähren sich angeblich von anderen Tieren. Sie schleichen sich heimlich an, und wer nicht schnell genug weglaufen kann, schwupp, den beißt der Löwe.«»Das ist aber gemein«, konnte sich Lisa nicht verkneifen.»Wie gut, dass hier keine Löwen leben. Wenn ich mir vorstelle, immer aufpassen zu müssen, dass mich kein Löwe beißt, dann hätte ich ja keine ruhige Minute mehr«, sagte Lisa und schüttelte sich, weil ihr vor Entsetzen ein kalter Schauer den Rücken hinunterlief.

»Nun lass mich noch zum Ende kommen«, erwiderte Sabine.»Da war nämlich noch eine andere große Raubkatze, ein Tiger. Der hatte ein fast gelbes Fell mit schwarzen Streifen. Der Affe hat mir erzählt, dass Tiger in Indien leben und noch in einigen Ländern in Asien. Dort streifen sie durch die Wälder und jagen auch andere Tiere«, beendete Sabine ihre Erzählung.

»Aber warum halten die Menschen denn so gefährliche Tiere, die andere fressen, im Zirkus?«, fragte

Lisa. »Der Affe hat mir erzählt, dass die Menschen auch den Löwen und Tigern Kunststücke beibringen, die sie dann im Zirkus vorführen. Dabei tun sie so, als wären sie liebe Kätzchen. Sie springen über Hindernisse und manchmal, obwohl sie Angst vor Feuer haben, auch durch brennende Reifen, wenn der Dompteur das von ihnen verlangt«, berichtete Sabine. »Ach, und dabei springen dann die Elefantastischen von Ast zu Ast und von Baum zu Baum«, rief Lisa begeistert. »Oh nein, Lisa, du scheinst wirklich sehr müde zu sein. Du bringst ja alles durcheinander. Noch einmal. Das Tier heißt Elefant. Und von Ast zu Ast springen die Affen. Wenn die Elefanten von Baum zu Baum springen wollten, würden die Bäume doch unter dem Gewicht der Elefanten zusammenbrechen. Außerdem können sie mit ihren dicken Beinen doch gar nicht auf Bäume klettern«, empörte sich Sabine. »Ich glaube, es wird jetzt wirklich Zeit, dass du dich von deinem anstrengenden Vormittag erholst. Wer weiß, was du sonst noch alles durcheinanderbringst«, sagte Sabine. »Du hast wohl recht«, meinte Lisa und streckte sich wohlig im warmen Gras der Weide aus. Dann zupfte sie mit dem Maul noch ein wenig von dem fetten Klee und während sie noch darauf kaute, schlummerte sie schon ein.

Max Mäuserich

Lisa hatte das Gefühl, kaum erst eingeschlafen zu sein, als laute Hilferufe sie aufschreckten. »Hilfe, Hilfe, er will mich fangen und fressen«, rief da jemand ganz in ihrer Nähe. Noch schlaftrunken sprang sie auf, dass ihr im ersten Moment ganz schwindelig wurde. Sie wusste noch nicht sicher, ob sie schon wach war oder noch immer in ihrem fürchterlichen Albtraum. Darin hatten Löwen und Tiger sie fressen wollen. In panischer Angst war sie vor ihnen durch einen furchterregend dunklen Wald geflohen. Dabei sprangen über ihr Elefantastische von Baum zu Baum und Affen mit langen Rüsseln rissen Blätter und Zweige von Bäumen. Verstört blickte sie nun um sich und merkte, dass sie tatsächlich aufgewacht war und weder Löwen noch Tiger zu sehen waren. Dafür schrie direkt neben ihr Max Mäuserich ganz erbärmlich um Hilfe. »Aber Max, was ist denn passiert?«, fragte Lisa. »Du zitterst ja am ganzen Leib.« »Dededededer Bussard«, stammelte Max. »Er hatte mich schon beinahe gefangen. Ich habe schon seinen spitzen Schnabel und seine scharfen Krallen gespürt, als er mich packen wollte. Im letzten Moment konnte ich ihm noch unter dem Zaun hindurch entwischen. Aber schau nur, da oben.« Und tatsächlich, als Lisa zum Himmel hinaufschaute,

konnte sie sehen, wie der große Bussard bei der Suche nach Beute seine Kreise zog und sich dabei allmählich immer tiefer sinken ließ. »Oh ja, ich glaube, er hat dich gesehen, Max«, sagte Lisa. »Weißt du was, ich stelle mich einfach über dich. Da kann der Bussard dich nicht mehr sehen und du kannst flink in dein Mauseloch verschwinden. Also los jetzt«, forderte sie den Mäuserich auf. Aber Max saß wie versteinert auf der Stelle und rührte sich nicht. »Warum bringst du dich denn nun nicht in Sicherheit?«, drängelte Lisa. »Ich kann nicht«, jammerte der vor Angst fast gelähmte Mäuserich. »Nun mach schon«, sagte Lisa. »Ich stehe doch über dir und der Bussard kann dich nicht mehr sehen.« Nun endlich fasste sich Max ein Herz und brachte sich gerade noch rechtzeitig in einem Mauseloch in Sicherheit.

Denn kaum war er verschwunden, da landete der Bussard auf einem Pfahl des Weidezaunes und schaute sich mit finsteren Blicken um. Systematisch suchte er mit seinen scharfen Augen die ganze Weide ab, während Lisa ihm belustigt zuschaute. »Suchst du etwas Bestimmtes?«, fragte die Kuh den großen Raubvogel. »Den Mäuserich, den ich schon beinahe in meinen Krallen hatte und der mir nur wegen dieses Zauns wieder entwischt ist«, antwortete der Bussard grimmig. »Ein Mäuserich? Was ist denn das?«, stellte sich Lisa dumm. »Und warum ist er dir wegen des Zauns entwischt?« »Weil ich mich an den Spitzen des Stachel-

drahts an dem Zaun verletzt hätte, musste ich ihn laufen lassen. Aber nur vorübergehend. Ich kriege ihn schon noch«, gab sich der Bussard siegesgewiss. »Aber nun sag schon, wo ist er hin?«, wollte er von Lisa wissen und tanzte dabei ungeduldig von einem Bein auf das andere. Das tat er immer, wenn er besonders hungrig und verärgert war. »Wo ist wer?«, fragte da auf einmal Lisas Freundin Rosa, die mit Elvira hinzu gekommen war. »Einen Mäuserich sucht er«, erklärte Lisa den beiden Kühen. »Einen Mäuserich? Wie soll der denn heißen? Oder hat er sich dir nicht vorgestellt, lieber Bussard?«, fragte nun Elvira mit einem spitzbübischen Lachen. »Wollt ihr euch etwa über mich lustig machen?«, empörte sich der Bussard. »Wenn das so ist, dann könnt ihr mich gern von einer anderen Seite kennenlernen«, schimpfte er. Dann dreh dich doch mal um«, forderte ihn Rosa auf. »Dann lernen wir gleich deine andere Seite kennen.« Der Bussard wurde daraufhin immer ärgerlicher und schimpfte: »Nun sagt mir endlich, wo dieser Mäuserich ist.« »Kennt ihr einen Mäuserich?«, fragte Elvira ihre Freundinnen Lisa und Rosa. Beide schüttelten nur den Kopf. »Ich weiß nicht einmal, wer oder was das sein soll«, sagte Lisa. Der Bussard tanzte weiter ungeduldig auf dem Zaunpfahl von einem Bein auf das andere und schaute noch grimmiger als zuvor um sich. »Ihr wollt mir nicht helfen. Ihr werdet schon sehen, was ihr davon habt«, schimpfte der Vogel.

In diesem Moment steckt Max, offenbar mutig geworden durch die Unterstützung der Kühe und in der Sicherheit seines Mauselochs, sein Schnäuzchen heraus und rief:»Hier bin ich, fang mich doch.« Entsetzt drehten sich Lisa und ihre Freundinnen zu dem Mauseloch um, doch Max war schon wieder verschwunden.»So, ihr kennt keinen Mäuserich«, sagte der Bussard drohend.»Ach du meinst unseren Max«, fragte Elvira scheinheilig.»Was willst du denn von ihm?«, wollte Rosa wissen.»Er sollte mein Mittagessen sein und ist mir entwischt«, schimpfte der Bussard.»Ja schämst du dich denn nicht, unseren Max auffressen zu wollen?«, fragte Lisa den Raubvogel.»Den bekommst du nicht. Und wenn du es dennoch versuchen solltest, bekommst du es mit uns zu tun.«»Ihr könnt mir gar nichts tun«, prahlte der Raubvogel.»Das werden wir ja sehen. Wenn du Max auf unserer Weide fangen willst, stürzen wir uns alle drei auf dich, wenn du auf dem Boden bist«, drohte ihm Elvira an. Gerade wollte der Bussard etwas entgegnen, als laut schimpfend der kleine Marienkäfer Flori näher kam.»Was willst du schmutziger Geier denn schon wieder hier? Ich habe dich doch vorhin schon gesehen, als du vor lauter Gefräßigkeit beinahe im Stacheldrahtzaun hängen geblieben wärst. Lass bloß unseren Max Mäuserich in Ruhe, sonst hetzen wir alle gegen dich auf.«

Dem Bussard schwoll vor Zorn der Hals.»Willst du

mich beleidigen? Ich bin weder schmutzig noch bin ich ein Geier.« »Das ist mir egal. Du sollst nur unseren Max in Ruhe lassen. Wie würde es dir denn gefallen, wenn ich auf die Idee käme, dich als Mittagsbraten zu verspeisen?«, schimpfte Flori. Damit sorgte der kleine Marienkäfer bei den Kühen für ausgelassenes Gelächter. Der Raubvogel hingegen ärgerte sich noch mehr. Und während Lisa und ihre Freundinnen sich lautstark mit Hahaha und Muhuhuhu über Floris Auftritt amüsierten, erhob sich der Bussard mit finsterer Miene und unverrichteter Dinge in die Luft. Die Kühe riefen ihm noch nach: »Lass dich ja nicht auf unserer Weide erwischen«, dann war er verschwunden. »Flori, wie willst du denn einen Bussard verspeisen?«, fragte Elvira noch immer prustend vor Lachen. »Ach, das war nur so hingesagt, weil man doch nicht irgendjemanden, nur weil es einem gerade gefällt, einfach auffressen kann«, erwiderte Flori. »Aber wo ist Max eigentlich?«

»Max«, riefen alle vier gemeinsam und schon tauchte er aus seinem Mauseloch auf. »Ist der Bussard weg?«, wollte er wissen. »Ja, er ist fortgeflogen. Aber du solltest in Zukunft besser auf der Weide bleiben, damit wir auf dich aufpassen können«, ermahnte ihn Lisa. »Aber hier gibt es doch nicht so leckeren Käse wie in der Speisekammer vom Bauern Gruber«, klagte Max. »Den solltest du dir in Zukunft wohl besser verkneifen, denn der Weg zum Bauernhaus könnte gefährlich für dich werden«, sagte Elvira. »Das muss ich mir erst einmal gründlich überlegen«, entgegnete der Mäuserich. Die Mausefallen im Bauernhaus kenne ich schließlich mittlerweile und mache immer einen großen Bogen um sie herum.« »Nicht die Mausefallen machen uns Sorgen. Der Bussard wird in Zukunft versuchen, dich außerhalb der Weide zu schnappen. Wenn du dich selbst in Gefahr bringen willst, können wir dir nicht helfen«, ermahnte ihn Rosa und wandte sich an ihre Freundinnen. »Wollen wir nicht mal wieder unsere Kuhsinen besuchen?« »Oh ja, das ist eine prima Idee«, stimmten Lisa und Elvira zu. »Wir haben unsere Kuhsinen ja seit Ewigkeiten nicht mehr gesehen«, meinte Lisa. »Die werden sich bestimmt freuen, uns mal wiederzusehen«.

Ein Besuch bei den Kuhsinen

In fröhlicher Stimmung machten sie sich auf den Weg. Schließlich war ein Besuch bei den Kuhsinen doch mal eine aufregende Abwechslung in ihrem sehr beschaulichen Dasein auf der Weide. Fast hatten sie das Gatter, den Ausgang aus der Weide, erreicht, da rief es hinter ihnen:»Na ihr drei, wo wollt ihr denn hin?« Erstaunt blieben sie stehen und drehten sich um, um zu sehen, wer da mit ihnen sprach.»Hallo Sibylle«, sagte Elvira, als sie die Libelle hinter ihnen herfliegen sah.»Das ist aber schön, dich zu sehen«, sagte Lisa. »Willst du uns begleiten? Wir wollen unsere Kuhsinen besuchen. Vielleicht kannst du ja ein bisschen aufpassen, damit wir nicht die Zeit verpassen, um rechtzeitig zum Melken zurückzugehen.«»Au ja, das ist eine gute Idee«, rief Sibylle.»Aber wie wollt ihr denn das Tor öffnen, um aus der Weide herauszukommen?«, wollte sie wissen. Die Kuhsinen lebten nämlich bei einem Bauern im Nachbardorf. Das bedeutete, dass sie im Winter dort im Stall und im Sommer auf einer anderen Weide als Lisa, Rosa und Elvira lebten.

Die drei Freundinnen schauten sich an. Daran hatten sie gar nicht gedacht. Und nun machten alle drei so dumme Gesichter, dass Sibylle laut lachen musste.»Bei einem Wettbewerb würdet ihr jetzt bestimmt den ersten Preis für das intelligenteste Gesicht des Jahres bekommen«, kicherte Sibylle. »Ach, mach dich nicht über uns lustig, sondern gib uns lieber einen Tipp, wie wir das Gatter öffnen können«, sagte Rosa. »So weiß ich das auch nicht. Aber wir können ja mal gemeinsam nachsehen. Vielleicht finden wir eine Möglichkeit, das Tor zu öffnen«, entgegnete Sibylle. Also gingen Lisa, Rosa und Elvira auf das Gatter zu, während Sibylle schon einmal vorausflog, um zu sehen, ob es einen Weg gab, das Tor zu öffnen. »Das sieht gar nicht gut aus«, meinte die Libelle, als die drei Kühe am Gatter ankamen. »Glaubst du, wir haben eine Chance, das Tor zu öffnen?«, fragte Lisa. »Na ja, der Riegel ist außen am Tor angebracht«, sagte Sibylle. »Aber die gute Nachricht ist, dass kein Schloss daran hängt. Man müsste nur irgendwie den Riegel anheben oder an seinem Ende nach unten drücken. Dann könnte man das Gatter ganz einfach nach hinten ziehen und hinausgehen«, verkündete sie. »Das hört sich einfach an. Aber wie kommen wir an den Riegel?«, gab Lisa zu bedenken. »Lasst mich mal nachsehen«, sagte Elvira und trat nach vorn.

Vorsichtig versuchte sie ihre Schnauze zwischen den Holzlatten des Gatters hindurchzuschieben. Aber schon nach wenigen Zentimetern steckte sie fest und zog rasch ihren Kopf zurück. »Da komme ich nicht dran. Mein Kopf ist zu dick«, klagte sie. »Dann lasst mich mal probieren, ob ich mehr Glück habe«, sagte Rosa. »Dein Kopf ist doch genauso dick wie meiner.

Wie willst du denn damit an den Riegel kommen?«, bezweifelte Elvira das Vorhaben ihrer Freundin. »Nun lass mich doch erst mal probieren. Wer sagt denn, dass ich meinen Kopf zwischen die Zaunlatten stecken will?«, erwiderte Rosa. Und damit trat sie an das Tor und begutachtete den Zaunpfahl direkt neben dem Gatter und den Riegel. Diesen konnte sie durch die Lücke zwischen Pfahl und Gatter zwar sehen, doch von dort aus auch nicht herankommen. »Nein, das funktioniert nicht«, klagte sie.

»Irgendeine Möglichkeit muss es doch geben, dieses Tor zu öffnen«, sagte Lisa. »Lasst mich einmal vor, dass ich nachsehen kann. Vielleicht finde ich ja einen Weg, das Gatter aufzumachen.« Damit trat sie an das Tor heran, während Rosa und Elvira sich ein paar Schritte zurückzogen und aufmerksam beobachteten, was Lisa wohl unternehmen würde, um ihnen den Weg durch das Gatter freizumachen. Sibylle schaute derweil vom Zaunpfahl neben dem Tor zu.

Behutsam hob Lisa den Kopf über das Gatter. »Wie gut, dass hier wenigstens kein Stachel- oder Elektrodraht drauf ist wie auf dem Zaun«, dachte sie. Dann schaute sie nach unten zu dem Riegel, der das Tor verschlossen hielt. »Das sieht gar nicht so schlecht aus«, sagte sie zu ihren Freundinnen. »Was meinst du damit?«, wollte Rosa wissen. »Mit dem Kopf komme ich zwar nicht an den Riegel, ich glaube aber, mit der Zunge müsste ich ihn herunterdrücken können wie

eine Türklinke«, antwortete Lisa. »Und damit kannst du das Tor öffnen«, pflichtete ihr Sibylle bei und schwirrte ganz aufgeregt von ihrem Platz auf dem Zaunpfahl in die Höhe. Und genau das tat Lisa denn auch. Mit ihrer langen, schweren Zunge drückte sie das Ende des Riegels nach unten. Dann ging sie vorsichtig ein paar Schritte rückwärts und zog dabei mit ihrem Kopf das Tor auf. »Du bist ja tatsächlich elefantastisch«, rief Elvira begeistert. »Ohne dich hätten wir das nie geschafft«, sagte sie. »Woher kennst du denn dieses Wort?«, wollte Lisa wissen. »Na, von Sabine. Die Biene hat uns von dem Zirkus und den Tieren dort erzählt und von ihrem Lieblingswort elefantastisch«, antwortete Rosa. »Aber hoffentlich nicht davon, dass ich alles durcheinandergebracht habe, weil ich so müde war«, wollte Lisa wissen. »Nein, davon hat Sabine nichts gesagt«, entgegnete Elvira. »Dann ist ja gut«, meinte Lisa erleichtert. »Aber nun lasst uns gehen, sonst wird es so spät, dass es sich gar nicht mehr lohnt, unsere Kuhsinen zu besuchen«, forderte sie ihre Freundinnen und die Libelle Sibylle auf. Und so marschierten sie, nachdem sie das Gatter hinter sich wieder geschlossen hatten, los.

Kaum waren sie einige Schritte gelaufen, da fragte Rosa: »Was hast du denn durcheinandergebracht, als Sabine dir von den Tieren im Zirkus erzählt hat?« »Du bist aber neugierig«, entgegnete Lisa. »Mir ist das ganz peinlich. Aber ich war so müde und erschöpft von dem anstrengenden Vormittag, dass ich wohl gar nicht richtig verstanden habe, was Sabine erzählt hat. Ich habe danach sogar ganz schlecht von den Zirkustieren geträumt.« »Das hört sich aber spannend an«, mischte sich nun Sibylle ein. »Erzähl doch mal, was du durcheinandergebracht und was du geträumt hast«, forderte sie Lisa auf. Und nachdem sie sich noch ein wenig geziert hatte, gab sie schließlich nach und berichtete ihren Freundinnen und der Libelle, wie sie Sabines Lieblingswort elefantastisch und den Elefanten immer wieder verwechselt und was sie geträumt hatte. Noch ehe sie geendet hatte, brachen alle in lautes Gelächter aus. »Muhuhuuh, Hahaha, Muhuhuh«, machten Rosa und Elvira, während Sibylle vor lauter Lachen der Bauch so weh tat, dass sie auf dem nächsten Zaunpfahl landen musste und dort weiter kicherte und gakkerte. »Das habe ich befürchtet, dass ihr mich auslacht«, sagte Lisa ganz niedergeschlagen. »Aber Lisa, wir lachen dich doch nicht aus. Das ist nur so lustig, was du erzählt hast, dass wir eben darüber lachen müssen«, versuchte Elvira die nun ganz traurige Lisa zu trösten. »Ihr lacht mich wirklich nicht aus?«, fragte sie. »Nein, bestimmt nicht«, beteuerte nun auch Rosa. »Wir wissen doch, dass du nicht dumm bist. Ohne dich hätten wir eben das Gatter gar nicht öffnen können.« Nach einigem weiteren guten Zureden gab sich Lisa dann zufrieden und lachte gemeinsam mit ihren Freundinnen und Sibylle.

Die Ziege Ulrike

Und so zogen sie fröhlich schwatzend und mit viel Gelächter weiter in Richtung der Weide ihrer Kuhsinen, als jemand plötzlich vor ihnen meckerte: »Was wollt ihr denn hier? Warum seid ihr nicht auf eurer Weide?« Erstaunt schauten die drei Kühe und Sibylle nach vorn, wo das Meckern hergekommen war. »Ach, hallo Ulrike«, sagte Lisa. »Musst du uns denn so erschrecken?« »Ich erschrecke euch doch nicht. Vermutlich seid ihr vor lauter schlechtem Gewissen so schreckhaft«, erwiderte die Ziege. »Weshalb sollten wir denn ein schlechtes Gewissen haben?«, mischte sich nun Elvira ein. »Na schließlich lauft ihr ohne Erlaubnis hier draußen außerhalb eurer Weide umher. Oder hat der Bauer euch erlaubt, die Umzäunung zu verlassen?«, fragte Ulrike mit zickigem Gesichtsausdruck. »Das hat uns der Bauer Gruber genauso erlaubt wie dir. Oder warum stehst du hier auf dem Weg statt auf deiner Wiese oder in deinem Stall zu sein?«, wollte Rosa wissen. »Das ist etwas ganz anderes. Ich kann schließlich jederzeit über den Zaun springen. Und das mache ich, um aufzupassen, dass Kühe wie ihr nicht unerlaubt in der Gegend herumlaufen«, meckerte die Ziege. »Nun lass doch endlich die Kühe in Ruhe und kümmere dich um deine eigenen Angelegenheiten«,

rief auf einmal der Ziegenbock Peter hinter dem Zaun hervor. »Komm lieber wieder herein, bevor dich noch jemand erwischt«, schimpfte Peter. »Ach, du hast mir gar nichts zu sagen«, meckerte Ulrike zurück. »Mir reicht es jetzt. Lasst uns lieber weitergehen, sonst kommen wir heute nicht mehr zu euren Kuhsinen«, mischte sich nun Sibylle ein. »Ulrike hat doch an allem und jedem etwas zu meckern. Da solltet ihr nichts weiter drauf geben und lieber euren Weg fortsetzen«, ermahnte sie die drei Kühe. »Ich glaube, Sibylle hat recht«, sagte Lisa. »Kommt, wir besuchen lieber Greta, Marylin und Liz. Wir lassen uns doch nicht so einen schönen Tag von einer Ziege vermiesen«, fügte sie hinzu.

Und so marschierten sie wieder los, was Ulrike aber nicht daran hinderte, noch einmal hinter ihnen herzumeckern: »Ich werde dem Bauern sagen, dass ihr ohne Erlaubnis außerhalb eurer Weide umherlauft, um irgendwelche Kuhsinen zu suchen.« »Ach, wer weiß, wann sie den Bauern das nächste Mal trifft. Bis dahin hat sie vielleicht wieder bessere Laune und denkt gar nicht mehr daran, dass sie uns verpetzen wollte«, meinte Rosa. »Macht euch darum nur keine Sorgen. Wie soll denn der Bauer Gruber verstehen, was Ulrike ihm vormeckert. Nur manche Kinder, wie die kleine Susi, die Tochter vom Bauern, können verstehen, was Tiere sagen. Wenn sie älter werden, verlieren sie leider diese Fähigkeit wieder«, sagte Sibylle und fing wieder an zu lachen. »Was gibt es denn jetzt wieder Lustiges,

dass du dich so amüsierst?«, wollte Lisa wissen.»Ach lass nur gut sein«, kicherte Sibylle.»Ich habe mir gerade vorgestellt, wie dumm Ulrike schauen würde, wenn plötzlich ein paar Elefantastische über sie hinweg und in die Bäume auf ihrer Wiese springen würden.«Du bist gemein, Sibylle«, beklagte sich Lisa.»Ihr wolltet mich doch nicht auslachen.«»Das macht ja auch niemand. Aber stell dir doch mal vor, wie Ulrike dann schauen würde.«Und damit setzte, während sie ihres Weges gingen, das Gelächter, Schwatzen und Gekicher wieder ein, wie schon vor der Begegnung mit der Ziege. Dabei verging ihnen die Zeit wie im Flug und schon bald konnten sie ihre Kuhsinen von Weitem sehen.

»Hier waren wir aber schon lange nicht mehr«, stellte Rosa fest.»Ob Marylin wohl noch immer so eingebildet und hochnäsig ist?«, fragte Rosa mehr sich selbst als ihre Freundinnen.»Warum war sie denn eingebildet?«, wollte Sibylle wissen.»Der Bauer, dem unsere Kuhsinen gehören, hat all seinen Kühen Namen vor berühmten Schauspielerinnen gegeben. Und Marylin glaubt, weil sie diesen Namen bekommen hat, sei sie die Schönste von allen«, klärte Lisa die Libelle auf.»So was Dummes aber auch, man kann doch vom Namen nicht auf sein Aussehen oder seine Schönheit schließen«, entgegnete Sibylle.»Eben. Aber vielleicht hat sie das ja mittlerweile gemerkt«, sagte Lisa.»Gleich werden wir ja erleben, wie unsere Kuhsinen drauf sind«, meinte Rosa und begann laut»Hallo, Hallo, Muh, Muh«zu rufen. Und sofort schlossen sich Lisa und Elvira mit lautem Muhen an. Es dauerte nicht lange, da hatten die Kuhsinen das laute Hallo und Muh gehört und rasch liefen sie zum Gatter ihrer Weide, um Lisa, Rosa und Elvira zu begrüßen. Die Überraschung war den drei Freundinnen und Sibylle gelungen. Mit ihrem Besuch hatten die Kuhsinen Greta, Marylin und Liz nicht gerechnet. Die Freude wurde nur dadurch ein wenig gedämpft, dass sich das Tor an dieser Weide nicht öffnen ließ. Der Riegel war mit einem großen Schloss gesichert, dass es keine Chance gab, das Gatter zu überwinden, es sei denn, man konnte springen wie die Ziege Ulrike.

Aber diese Kleinigkeit störte die sechs Kühe bei ihrem Wiedersehen nicht weiter. Alle freuten sich riesig über das unerwartete Treffen und auch Marylin war weder hochnäsig noch eingebildet. Schließlich gab es nach so langer Zeit, die sie sich nicht gesehen hatten, eine Menge zu erzählen. Und so schwatzten und lachten sie eine ganze Weile. Schließlich drängten dann die Libelle, Rosa und Elvira, Lisa sollte doch bitte, bitte noch einmal berichten, was ihr am Vormittag so alles widerfahren war und was sie von der Biene Sabine erfahren hatte. Schließlich kam sie, weil ihre Freundinnen sie letztlich doch überredeten, nicht umhin, zu erzählen, wie sie Sabines Lieblingswort elefantastisch und den Elefanten verwechselt hatte. Und wie Lisa schon geahnt hatte, brachen daraufhin alle in lautes Gelächter, Gekicher und Muhen aus.

Die Kinder Susi und Felix und Hund Amadeus

Vor lauter Hahaha und Muhuhuh merkten sie gar nicht, wie sich Susi und Felix, die Kinder vom Bauern Gruber, näherten. Hinter ihnen trottete Amadeus, der große, zottelige Mischlingshund der Grubers, von dem niemand genau sagen konnte, welche Rassen sich wohl in ihm vereinten. »Hallo Lisa, Rosa und Elvira«, rief Susi. Erschrocken fuhren die drei Kühe zusammen. Jedes Lachen und Kichern verstummte augenblicklich und mit einem mulmigen Gefühl im Bauch drehten sie sich um. Vor lauter Gelächter hatten sie gar nicht mitbekommen, dass die Kinder und Amadeus gekommen waren. Doch nachdem sie gesehen hatten, wer da Hallo gerufen hatte, atmeten sie auf. Von den Kindern war kein Ärger zu erwarten. Und Amadeus behauptete zwar immer, er sei der Dorfpolizist, der für Ruhe und Ordnung sorgen müsse, doch nahm das niemand ernst. Meistens lag der zottelige Hund an einem gemütlichen Plätzchen auf dem Bauernhof und döste vor sich hin. Selbst wenn er einmal bellte, konnte er damit nur dem Briefträger Angst einjagen. Erleichtert rief ihnen denn auch Lisa entgegen: »Hallo Susi, Felix und Amadeus.« Und als Susi näher kam fragte Lisa: »Du verrätst uns doch nicht? Wir wollten doch so gern

mal wieder unsere Kuhsinen sehen.« »Ach wo. Ich werde schon niemandem etwas sagen. Wenn ihr rechtzeitig zum Melken kommt, merkt keiner was von eurem Ausflug«, antwortete Susi. »Die Libelle Sibylle ist extra deswegen mit uns gekommen. Sie passt auf, dass wir die Zeit nicht verpassen«, erzählte Lisa der kleinen Susi. »Na, dann ist doch alles klar. Ich muss jetzt weiter, sonst läuft der Felix so weit voraus, dass ich ihn nicht mehr einholen kann«, sagte Susi. Und damit wandte sie sich zum Gehen, während Amadeus lieber bei den Kühen und der Libelle blieb.

»Was hatten denn Susi und Felix da in den Ohren und in der Hand?«, meldete sich Rosa zu Wort, nachdem die Kinder sich ein Stück weit entfernt hatten. »Das waren Kopfhörer und ein Kästchen, aus dem Musik kommt«, meinte Lisa. »Ich habe neulich gehört, wie Felix gesagt hat, dass das ein Ei-Pott ist«, mischte sich Elvira ein. »Ein Ei-Pott?«, fragte Lisa. »Das ist doch dann sicher was für die Hühner«, meinte sie. »Was sollen denn die Hühner damit zu tun haben?«, wollte Amadeus wissen. »Wahrscheinlich sollen sie ihre Eier in den Ei-Pott legen«, sagte Rosa. »Wie soll das denn funktionieren?« Das Ding, das die Kinder eben in der Hand gehalten haben, ist doch viel zu klein, um Eier hineinzulegen. Da passt ja nicht mal ein Ei rein«, meinte Kuhsine Greta. »Wahrscheinlich haben die Kinder den Ei-Pott so für sich zurechtgedrückt, dass er jetzt in ihre Hosentaschen passt und

für die Hühner nichts mehr wert ist«, meinte Amadeus. »Na, ich weiß nicht«, sagte Lisa. »Aber warum kommt denn Musik aus dem Ei-Pott?«, wollte nun die Kuhsine Marylin wissen. »Mit Musik legen die Hühner vielleicht mehr oder bessere Eier«, sagte Rosa. »Wenn das so ist, dann sollten wir uns darum kümmern, auch Musik zu bekommen. Damit geben wir dann sicher auch mehr und bessere Milch«, schlug Lisa vor. »Du meinst, wenn jede von uns einen Kuh-Pott bekommt, geben wir mehr Milch?«, fragte Elvira. »Es schadet bestimmt niemandem, wenn wir es einmal ausprobieren«, antwortete Lisa.

»Wenn ihr Musik bekommt, will ich auch welche haben«, meldete sich Amadeus zu Wort. »Wenn alle ihren eigenen Pott haben, einen Ei-Pott für die Hühner und einen Kuh-Pott für alle Kühe, dann ist es nur gerecht, wenn ich einen Wau-Pott bekomme«, forderte der Hund. »Wofür soll der denn bei dir gut sein?«, fragte Elvira spöttisch. »Du kannst damit wohl besser schlafen?«, neckte sie ihn. »Das gefällt dir gut, mich auf den Arm zu nehmen«, beschwerte sich Amadeus. »Ich könnte mit Musik meine Arbeit als Polizist in unserem Dorf bestimmt besser erledigen. Aber wenn ich das so richtig bedenke, wäre Musik beim Einschlafen auch nicht schlecht«, sagte er. »Dann höre ich vielleicht nicht den Radau, den der Briefträger jeden Tag macht, wenn er die Post bringt. Ich möchte wetten, er tut das nur, um mich zu ärgern. Mit lautem Gepolter klapp er erst den Fahrradständer auf. Ihr solltet einmal hören, welches Getöse er dann veranstaltet, wenn er die Klappe am Briefkasten öffnet und die Post hineinwirft. Lange lasse ich mir das nicht mehr gefallen. Dann belle ich nicht nur, weil er mich wieder geweckt oder am Einschlafen gehindert hat. Wenn er das nicht sein lässt, beiße ich ihm irgendwann doch einmal ins Bein oder in den Po.«

»Das macht der Briefträger doch nicht mit Absicht, Amadeus«, versuchte Lisa den Hund zu beschwichtigen. »Weil du ihn immer anbellst, hat er Angst vor dir. Deshalb versucht er schnell wieder fortzukommen, und weil er schnell sein will, ist alles, was er tut, laut.«

»Das glaube ich nicht«, sagte Amadeus. »Der will mich ärgern.« »Ach so ein Quatsch, Amadeus«, schaltete sich nun Sibylle ein. »Seit die Kinder hier waren, redet ihr alle Unsinn. Der Briefträger will dich nicht ärgern. Weil du ihn immer anbellst, hat er Angst vor dir. Außerdem gibt es keinen Ei-Pott. Man spricht das nur so aus, aber wenn ich mich richtig erinnere, ist das ein englisches Wort. Es wird aber anders geschrieben und hat mit Hühnern und Eiern überhaupt nichts zu tun. Es ist nur ein Gerät zum Musikhören«, ereiferte sich Sibylle. »Wenn ich mir vorstelle, wie das aussehen würde, wenn ihr alle mit Kopfhörern und Kästchen, aus denen Musik kommt, herumlauft und im Takt der Musik mit dem Kopf wackelt. Ich glaube, ich bekäme einen Kicherkrampf«, schimpfte die Libelle.

»Was ist denn mit dir los, Sibylle«, fragte Lisa ganz erstaunt. »Seit wann nimmst du uns denn so ernst, wenn wir herumalbern? Wir haben zwar nicht gewusst, dass das Ding nichts mit den Hühnern und Eiern zu tun hat, aber die Vorstellung war doch lustig. Was hältst du denn von einem Libellen-Pott?« »Nun hör aber auf, Lisa, das wird ja immer alberner«, sagte Sibylle und schüttelte den Kopf. »Ist ja schon gut. Danke, dass du uns aufgeklärt hast. Woher hätten wir denn auch wissen sollen, dass das ein englisches Wort ist, das mit Hühnern und Eiern nichts zu tun hat? Außerdem solltest du uns doch so gut kennen, um zu merken, dass das alles gar nicht so ernst gemeint war«, versuchte Lisa die Libelle zu beschwichtigen. »So ganz kann ich das nicht glauben. Ich denke vielmehr, dass du etwas flunkerst. Aber gut, wenn du sagst, dass das alles nicht ernst gemeint war, dann bin ich ja beruhigt«, antwortete Sibylle.

»Was heißt hier nicht ernst gemeint«, schaltete sich nun Amadeus ein. »Ich will so einen Pott mit Musik haben«, maulte er. »Ach Amadeus, woher willst du den denn bekommen?«, kicherte Rosa. »Willst du etwa in die Stadt laufen und dort einen Wau-Pott kaufen?«, stichelte nun auch Elvira. »Ihr werdet schon sehen, dass ich schon bald einen haben werde«, knurrte Amadeus. »Ich werde aber niemandem verraten, wo ich den herbekomme. Und jetzt will ich nichts mehr davon hören«, sagte er und sprang auf. »Ich gehe jetzt zurück zum Bauernhof und ihr könnt von mir aus allein weiteralbern«, brummte er trotzig und machte sich auf den Weg.

»Ich glaube, auch für uns wird es allmählich Zeit, zurückzugehen, dass ihr rechtzeitig zum Melken kommt«, meldete sich Sibylle wieder zu Wort. »Du hast recht«, meinte Elvira. »Wir verabschieden uns lieber, damit wir nicht zu guter Letzt noch Ärger bekommen«, stimmte Lisa zu. »Dann werden wir sicher auch bald zum Melken abgeholt. Da ist es wohl besser, wenn euch niemand hier sieht«, sagte die Kuhsine Greta. Und so begannen die sechs Kühe, sich der Reihe nach zu verabschieden. Das ging natürlich nicht so schnell, da auch der Abschied, wie schon der ganze Besuch von vielen Albernheiten, Gelächter und lautem Muhen begleitet wurde. Schließlich versprachen sie sich gegenseitig, sich bald wieder einmal zu besuchen, und dann endlich machten sich Lisa, Rosa und Elvira auf den Weg zu ihrer Weide. Die Libelle Sibylle flog vor ihnen her.

Während sie den gleichen Weg, den sie gekommen waren, nun zurücktrotteten, unterhielten sich Sibylle und die drei Kühe lebhaft über den lustigen und fröhlichen Besuch bei den Kuhsinen. Und obwohl alle dabei waren, musste jede Einzelheit noch einmal gründlich durchgekaut werden, als ob sie einem Fremden erzählen müssten, über was sie alles gesprochen und gelacht hatten. »Ich bin ja mal gespannt, wann Amadeus uns seinen Wau-Pott vorführen wird«, sagte Elvira. »Ach der war doch nur sauer, dass er nicht gemerkt hat, dass das ein Spaß war. Und dann hat er aus Trotz behauptet, dass er sich so ein Ding besorgen kann«, meinte Rosa. Unterdessen hatten sie wieder die Umzäunung des Ziegengeländes erreicht, aber diesmal war keine Ulrike zu sehen. Stattdessen schaute der Ziegenbock Peter über den Zaun. »Nanu, wohin ist denn Ulrike verschwunden?«, fragte Lisa. »Seid nur leise, damit sie euch nicht hört und noch schlechtere Laune bekommt«, sagte Peter. »Warum hat sie denn schlechte Laune?«, wollte Rosa wissen. »Ach, eine Weile nachdem ihr hier gewesen seid, ist der Bauer mit dem Traktor vorbeigekommen und hätte die Ulrike beinahe überfahren, weil sie immer noch meckernd auf dem Weg hin- und hergelaufen ist. Deshalb hat er sie in den Stall gebracht und dort angebunden. Morgen will er noch den Zaun höher machen, dass Ulrike nicht wieder darüber springen kann«, antwortete der Ziegenbock. »Das hört sich aber traurig an«, sagte Lisa. »Warum ist sie denn nicht wieder auf eure Wiese zurückgesprungen, nachdem wir weg waren?«, wollte sie wissen. »Ach weißt du, Lisa, die Ulrike hat immer ihren eigenen Kopf. Das weiß sie wohl nur selbst«, erwiderte Peter. »Jetzt geht aber lieber weiter, dass sie uns nicht sprechen hört«, sagte er. »Dann auf Wiedersehen, Peter. Hoffentlich bessert sich Ulrikes Stimmung bald wieder«, wünschten ihm die Kühe und machten sich gemeinsam mit Sibylle wieder auf den Weg.

Schon bald erreichten sie ihre Weide und es bereitete ihnen nun keine Mühe mehr, das Tor zu öffnen. Diesmal drückte Rosa mit ihrem Maul den Riegel nach unten und schob das Gatter auf. Danach marschierten sie alle drei der Reihe nach hinein, machten das Tor wieder zu, dass der Riegel einrasten konnte, und streckten sich wohlig auf ihrer Weide aus. Der weite Weg zu den Kuhsinen und zurück hatte sie doch stärker angestrengt, als sie angenommen hatten. Deshalb waren sie froh, dass sie rechtzeitig genug zurückgekommen waren und sich vor dem Melken noch etwas ausruhen konnten.

»So, meine Süßen, euch habe ich ja nun gut zurück auf eure Weide gebracht. Ich werde jetzt noch ein wenig umherfliegen. Mal sehen, wen ich so spät am Tag noch alles treffe«, meldete sich nach einer Weile die Libelle. »Bleibt schön brav und gebt nachher eure Milch ab. Sicher kommt bald der Bauer oder eines seiner Kinder, um euch abzuholen«, sagte Sibylle. »Was heißt hier, wir sollen brav bleiben?«, fragte Lisa. »Sei selbst brav.« »Das bin ich doch immer«, antwortete Sibylle. »Besonders wenn du mich erschreckst und dich dann über das dumme Gesicht, das ich dann mache, amüsierst«, erwiderte Lisa. »Das macht sie nicht nur mit dir«, schaltete sich Elvira ein. »Uns erschreckt sie auch sehr gern«, sagte sie. »Neulich hat sie sogar die Hummeln aufgescheucht, als sie ganz in ihre Arbeit vertieft waren und Nektar aus den Kleeblüten gesammelt haben. Die Ärmsten wussten gar nicht, wie ihnen geschieht, als Sibylle dicht über sie hinweggesaust ist«, wusste Rosa zu berichten. »Ach, das ist doch nichts Böses. Ich liebe es eben, ein bisschen Spaß zu machen. Und bisher haben das alle verstanden und auch Brummel und Grummel waren mir nicht böse. Letztlich haben sie gemeinsam mit mir gelacht«, verteidigte sich Sibylle. »Das wissen wir doch auch«, sagte Lisa. »Es wäre hier auch ganz schön traurig, wenn wir nicht immer wieder miteinander lachen könnten. Aber nun flieg schon und schau, wen du noch antriffst. Wir müssen jetzt wohl unsere Milch zum Bauernhof bringen. Dort kommt schon der Felix, um uns abzuholen«, verabschiedete sich Lisa von der Libelle.

Und tatsächlich öffnete, kaum dass Sibylle davongeschwirrt war, Felix, der Sohn vom Bauern Gruber, das Gatter der Weide und rief die Kühe zum Melken. Gemächlich machten sich die Tiere daraufhin auf den Weg zum Bauernhof. Weil Lisa und ihre Freundinnen direkt hinter dem Tor gelegen hatten, trotteten sie zunächst als Erste hinter Felix her. Doch schon bald wurden sie von einigen anderen Kühen überholt. »Jetzt geht das schon wieder los«, schimpfte Lisa. »Was meinst du damit?«, wollte Rosa wissen. »Na das Überholen und Drängeln. Als wenn das Melken dadurch schneller ginge. »Dabei wären wir alle viel rascher wieder auf der Weide, wenn alle in der Reihe blieben und nicht versuchen würden, sich vorzudrängeln«, antwortete Lisa. »Damit hast du wohl recht«, sagte Rosa. »Aber die kleine Susi hat mir erzählt, dass manche Menschen auch versuchen, sich vorzudrängeln.« »Ich wusste gar nicht, dass die Menschen auch zum Melken gehen«, meldete sich ganz erstaunt Elvira zu Wort. »Nein, Elvira. Die Menschen müssen nicht gemolken werden. Aber beim Einkaufen zum Beispiel, wenn sie im Supermarkt in der Schlange an der Kasse stehen, versuchen manche, rasch an allen anderen vorbeizukommen, obwohl sie noch gar nicht dran sind.« »Ach so, an so was habe ich gar nicht gedacht. Schließlich gehe ich ja nicht einkaufen«, erwiderte Elvira. »Müssen wir ja auch nicht. Was wir brauchen, wächst schließlich auf unserer Weide und das müssen wir an keiner Kasse bezahlen«, meinte Lisa. »Könnten wir ja auch gar nicht, wir haben doch kein Geld. Oder womit sollten wir denn unser Gras und unseren Klee bezahlen?«, fragte Rosa. »Mit Milch natürlich«, erwiderte Lisa und musste dabei lachen. Und wie das bei den drei Freundinnen oft geschah, wirkte ihr Lachen ansteckend. Im Nu kicherten auch ihre Freundinnen und alle drei steigerten sich in lautes Gelächter, während sie mit lautem Hahaha und Muhuhuhu die letzte Strecke des Weges bis zum Bauernhof zurücklegten.

Dort angekommen, geschah natürlich genau das,

was Lisa befürchtet hatte. Vier Kühe versuchten gleichzeitig durch die Tür zur Melkstation zu drängeln und verstopften damit für alle anderen und natürlich auch für sich selbst den Weg. »Nun schaut euch doch diese dummen Kühe an«, wetterte Rosa. »Na, das muss aber nicht sein, Rosa. Ist es denn nicht schon schlimm genug, dass viele Menschen sich gegenseitig als dumme Kühe beschimpfen? Dabei sind wir Kühe gar nicht dumm«, wies Lisa ihre Freundin zurecht. »Du hast ja recht, so habe ich das ja auch gar nicht gemeint«, antwortete Rosa ganz beschämt.

Unterdessen bemühten sich der Bauer und seine beiden Kinder, drei der vier Tiere vor der Tür zur Melkstation zurückzudrängen. Das war gar nicht so leicht, denn Kühe sind viel stärker als Menschen. Und wenn sie sich etwas in den Kopf gesetzt haben, sind sie nur schwer davon abzubringen. »Die sind aber stur. Warum geben die denn nicht den Weg frei?«, ärgerte sich auch Elvira. »Ich verstehe so etwas auch nicht. Wenn das so weitergeht, werden bald noch die anderen Kühe unruhig. Dann wird niemand das Gedränge mehr aufhalten können«, warnte Lisa, denn hinter ihr und ihren Freundinnen begannen bereits einige Tiere zu murren und lautstark zu muhen. Doch gerade noch rechtzeitig, bevor weitere Kühe nach vorn drängten, schaffte es Bauer Gruber, eines der Tiere in die Melkstation zu ziehen, während Susi und Felix zwei andere zur Seite drängen konnten. »Das wurde aber auch Zeit«, freute sich Rosa, die es nun offenbar auch eilig hatte, ihre Milch loszuwerden. Und dann dauerte es auch nicht mehr lange, bis die drei Freundinnen die Melkstation wieder verlassen konnten. Gemeinsam mit der gesamten Herde trotteten sie nun wieder hinter Felix her zur Weide zurück. Dort angekommen gähnte Lisa herzhaft:»Bin ich aber müde. Der Tag war doch ganz schön anstrengend. Ich glaube, ich muss jetzt bald schlafen.« Und damit verabschiedeten sich Lisa, Rosa und Elvira für die Nacht voneinander und jede suchte ihren Lieblingsplatz auf. Dort angekommen streckten sie sich aus und kuschelten sich gemütlich für die Nacht zurecht. Und schon bald war Lisa in einen tiefen und festen Schlaf gesunken, der nicht einmal durch einen Traum gestört wurde.

Erst das Krähen der Hähne in den beiden nahen Dörfern, die mit lautem Kikeriki den neuen Tag begrüßten, ließ Lisa allmählich aus ihrem Schlaf auftauchen. Noch ganz benommen blinzelte sie über die Weide und hinauf zu den Bergen, über deren Kämmen ihr die aufgehende Sonne zuzwinkerte. Allmählich wurde sie munterer und schnupperte die frische Morgenluft. Sie duftete nach den vielen Wiesenblumen, frischem Gras und dem Tau, der die Weide und alles rundherum mit winzigen Tröpfchen bedeckte. Im Licht der aufgehenden Sonne funkelten diese wie unzählige kleine Edelsteine.»Oh, ist das schön, hier möchte ich immer bleiben«, dachte Lisa und stand langsam auf.

Dabei schaute sie über die Weide und sah, dass sich auch die anderen Kühe allmählich regten. Hier und da hob eines der Tiere den Kopf, andere streckten sich noch einmal nach der langen Nacht und wieder andere kamen ebenfalls langsam auf die Beine. Als sie dann sah, wie sich auch Rosa und Elvira erhoben, machte sich Lisa auf den Weg zu ihren Freundinnen.

»Hallo ihr beiden«, rief sie ihnen entgegen. »Habt ihr auch so gut geschlafen wie ich?«, fragte sie. »Oh ja, sehr gut«, antworteten beide wie aus einem Mund. »Wollen wir heute wieder etwas gemeinsam unternehmen?«, wollte Rosa wissen. »Erst müssen wir doch nachher unsere Milch wieder abliefern«, erwiderte Lisa. »Danach können wir ja überlegen, was wir heute tun können«, mischte sich Elvira ein. »Na gut, dann können wir ja jetzt erst einmal eine Runde über die Weide gehen. Mal sehen, wen wir um diese frühe Zeit alles treffen«, forderte Lisa ihre Freundinnen auf. Und damit trotteten die drei Kühe in Richtung der höchsten Stelle der Weide. Von dort aus hatten sie einen herrlichen Blick über die schöne Gegend. Aber man hörte hier auch deutlich das Rauschen der vorbeifahrenden Fahrzeuge auf der nahen Autobahn. »Wo die Menschen wohl alle hinfahren«, fragte Lisa mehr sich selbst als ihre Freundinnen. »Ich habe irgendwann mal gehört, dass viele Leute auf dieser Straße nach Italien fahren und dort Urlaub machen«, meinte Rosa. »Was ist denn Urlaub?«, wollte Lisa wissen. »Na, wenn die Menschen viel gearbeitet haben, dann müssen sie sich erholen. Und das machen sie in den Ferien. Die nennt man auch Urlaub«, antwortete Rosa. »Das könnten wir doch auch mal machen. Schließlich brauchen wir auch mal eine Erholung. Jeden Tag müssen wir unsere Milch abliefern. Wenn so viele Menschen nach Italien fahren, ist es dort bestimmt auch sehr schön«, meinte Lisa. »Du hast recht, wir müssen auch mal Urlaub machen«, stimmte Elvira zu. In diesem Moment kamen Susi und Felix und riefen die Kühe zum Melken.

Auf dem Weg zum Bauernhof hingen die drei Freundinnen ihren Gedanken nach. Die Idee, Urlaub in Italien zu machen, erschien jeder von ihnen sehr verlockend. »Nachher müssen wir gemeinsam überlegen, wie wir das anstellen können, uns auch einmal zu erholen«, flüsterte Lisa Rosa und Elvira zu. »Ja, aber erst einmal gehen wir jetzt zur Melkstation und dann sehen wir weiter«, meinte Rosa.

Schildkröte Lilo und die Schnecken im Salat

Doch nach dem Melken war rasch jeder Gedanke an einen Urlaub oder an Italien verflogen. Als die drei Freundinnen die Melkstation verließen, hörten sie ein bitterliches Weinen. Neugierig schlichen Lisa, Rosa und Elvira um die Ecke des Gebäudes zum Gemüsegarten der Bauernfamilie, woher das Geräusch zu kommen schien. Tatsächlich stand dort am Rand der Rasenfläche die kleine Susi und schluchzte. Vorsichtig, um nicht auf die Beete mit Möhren, Zwiebeln, verschiedenen Kohlsorten und Salat zu treten, ging Lisa zu dem Mädchen. »Was ist denn passiert, Susi, dass du so traurig bist?«, fragte sie und senkte ihren Kopf weit nach unten, um die kleine Tochter des Bauern besser zu verstehen. »Ach Lisa«, sagte Susi und schlang schniefend ihre Arme um Lisas Hals, »meine Lilo ist verschwunden.« »Was oder wer ist denn Lilo?«, wollte Lisa wissen. »Na meine Schildkröte. Ich habe sie dir doch schon einmal gezeigt«, erwiderte das kleine Mädchen. »Ach ja, ich erinnere mich. Du meinst das Tier mit dem dicken Panzer und den kurzen Beinen, das seinen Kopf so weit einziehen kann, dass man ihn gar nicht mehr sehen kann. Hast du denn schon genau in dem Gehege nachgesehen, ob Lilo nicht doch noch irgendwo darin ist?«, fragte Lisa.»Ja, schon ein paar Mal. Aber irgendjemand hat das Gehege verschoben, dass es mit der einen Kante über einer Bodensenke steht. Dadurch ist darunter eine große Lücke entstanden. Wahrscheinlich hat die Schildkröte das Schlupfloch entdeckt und die Gelegenheit genutzt, in die Freiheit zu entwischen«, schluchzte Susi.»Aber weit kann sie doch nicht gelaufen sein. Sie geht doch immer so langsam«, meinte die Kuh.»Sollen ich und meine Freundinnen dir helfen, sie zu suchen?«, fragte sie. »Oh ja, das wäre sehr lieb von euch«, freute sich das Mädchen.

So rief Lisa Rosa und Elvira und gemeinsam mit Susi machten sie sich auf die Suche nach der verschwundenen Lilo. Vorsichtig gingen sie am Rand der Beete entlang und blickten sich suchend um. Die kleine Susi hatte natürlich keinen so guten Überblick über den Gemüsegarten wie die drei Kühe, die ja weit größer waren als das kleine Mädchen. Von so weit oben konnten Lisa und ihre Freundinnen sehr gut zwischen die vielen Pflanzen schauen und so dauerte es nicht lang, bis Elvira zwischen den Salatköpfen etwas entdeckte.»Nanu, so etwas habe ich noch nie gesehen. Ein ganzer Haufen rotbrauner Schnecken. Schaut euch das einmal an«, forderte sie Lisa und Rosa auf. »Das ist aber merkwürdig. Die glitschigen Kriechtiere sitzen doch auf irgendetwas. Im Salatbeet gibt es doch keine Hügel?«, wunderte sich Rosa.»Ich ahne schon,

was das ist«, meldete sich Lisa zu Wort.»Ich glaube, ich weiß auch, was das ist. Schaut mal, der Hügel bewegt sich, ohne dass die Schnecken etwas tun«, rief Elvira.»Die Schnecken sitzen auf der Schildkröte. Da, jetzt streckt Lilo ihren Kopf heraus. Jetzt haben die Schnecken uns auch entdeckt. Seht nur, wie sie ihre Köpfe mal zu euch und mal zu Susi und mir drehen«, sagte Lisa. Nun meldete sich auch Susi zu Wort und rief:»Lilo, bist du da?«»Ja, Susi«, antwortete die unter den Schnecken versteckte Schildkröte.«»Wie kommst du denn in das Salatbeet?«, wollte Susi wissen.»Ja weißt du, als ich die Lücke unter dem Zaun meines Geheges entdeckte, habe ich gedacht, ich könnte mal probieren, ob der Salat direkt auf dem Beet anders schmeckt als der, den ihr mir bringt. Also bin ich hierhergelaufen. Aber kaum hatte ich den ersten Bissen im Maul, da haben mich all diese Schnecken überfallen.«

»Was wollt ihr denn von Lilo? Lasst sie in Ruhe und kriecht sofort von ihrem Panzer herunter«, schaltete sich nun Lisa ein.»Daran denken wir nicht einmal im Traum«, empörten sich die Schnecken.»Wenn wir die Schildkröte wieder freigeben, frisst sie all unseren Salat auf«, riefen sie wie im Chor.»Wo ist denn euer Salat?«, wollte Susi wissen.»Der hier auf dem Beet gehört uns. Den hat meine Mama gepflanzt und gegossen, dass er schön gewachsen ist, bis ihr gekommen seid und ihn überall angefressen habt. Verschwindet

und lasst unseren Salat und meine Lilo in Ruhe«, schimpfte sie. Aber die Schnecken rührten sich nicht vom Fleck und schauten nur frech die drei Kühe und das kleine Mädchen an. »Nun geht schon von Lilos Panzer runter«, forderte Lisa die Kriechtiere auf. Aber auch sie hatte damit keinen Erfolg. »Na schön, wenn ihr nicht hören wollt, dann hole ich jetzt den Salzstreuer«, drohte Susi. »Was willst du denn damit?«, wollte Lisa wissen. »Der Felix hat mir mal gezeigt, wie Schnecken sich fast ganz auflösen, wenn man sie mit Salz bestreut«, erklärte sie der Kuh. »Auwei, das wird den Schnecken aber ganz und gar nicht gefallen«, meinte Lisa. Und siehe da, schon während Susi mit der Kuh sprach, begannen die Schnecken jammernd und lamentierend von Lilos Panzer herunterzukriechen. »Bitte kein Salz«, bettelten sie. »Wir gehen ja schon und lassen den Salat in Zukunft bestimmt in Ruhe.« Und so schnell Schnecken eben kriechen können, strebten sie dann, ohne einen weiteren Ton zu sagen, dem Rand des Beetes zu.

Als Susi und die Kühe zusahen, wie die Kriechtiere sich bemühten, so schnell wie möglich der Gefahr des Salzstreuers zu entkommen, meinte Lisa zu Susi: »Du hättest doch nicht wirklich Salz auf die Schnecken gestreut? Das wäre doch ganz schön gemein.« »Na ja. Vielleicht, wenn gar nichts anderes geholfen hätte, um meine Lilo zu befreien. Aber ich bin froh, dass allein die Drohung mit dem Salz gereicht hat, die Schnecken zu vertreiben. Ich hätte das auch gar nicht gewusst, wenn mir der Felix nicht davon erzählt hätte. Aber die Jungen probieren immer alles Mögliche aus, nicht nur mit den Schnecken. Neulich habe ich Felix und seine Freunde erwischt, als sie mit großen Stöcken in dem Ameisenbau unter Giselas Spinnennetz herumgestochert haben. Stell dir mal vor, obwohl die Gisela geschimpft hat wie ein Rohrspatz, Sibylle, Sabine, Flori und die Hummeln gerufen haben, sie sollten aufhören, haben sie immer weiter in dem Ameisenbau herumgewühlt und sich gefreut, wie die kleinen Krabbeltiere aufgeregt und verängstigt umhergelaufen sind. Erst als ich dazugekommen bin und sie aufgefordert habe, aufzuhören, die Tiere zu quälen, haben sie sich zurückgezogen. Aber dann haben sie noch richtig Angst bekommen, als eine von den Kühen auf Felix und seine Freunde zugelaufen ist und laut gemuht hat. Die Jungen haben gedacht, die Kuh wollte sie angreifen. In ihrem Schreck haben sie gar nicht mitbekommen, dass die Kuh nicht durch den Zaun hätte laufen können.«

»Das ist aber gemein. Und ich habe mich schon gewundert, was mit dem Bau passiert ist. Die Ameisen haben den ganzen restlichen Tag arbeiten müssen, um alles wieder in Ordnung zu bringen«, sagte Lisa. »Ich wundere mich nur, dass Gisela, die doch sonst immer alles gleich weitererzählen muss, gar nichts gesagt hat. Aber vielleicht kommt das ja noch«, meinte die Kuh. Zu ihren Freundinnen gewandt sagte sie:»So allmählich müssen wir wohl auf unsere Weide zurückkehren, nachdem die Schildkröte wieder da ist und die Schnecken den Salat verlassen haben.«

Die kleine Tochter des Bauern war froh, ihre Lilo wiederzuhaben, und bedankte sich nun überschwänglich bei Lisa und ihren Freundinnen. Ohne deren Hilfe hätte sie sie so schnell nicht wiedergefunden. Rasch brachte sie ihre Schildkröte zurück in ihr Gehege und Lisa half ihr, dieses zurechtzuschieben, dass keine Lücke für eine erneute Flucht offen blieb.

Max Mäuserich und der Käse

Noch während sich die drei Kühe von Susi verabschiedeten, sah Lisa aus dem Augenwinkel heraus etwas Kleines, Graubraunes, offenbar mit einem nicht gerade kleinen Stück Käse im Schnäuzchen, vorbeihuschen. »Aha, dachte sie. Max Mäuserich kann es doch einfach nicht lassen.« Laut sagte sie: »Irgendwann läuft er doch noch mal in eine Falle oder der Bussard erwischt ihn, wenn er außerhalb der Weide herumläuft.« »Wen meinst du damit?«, fragte Susi. »Ach, Max Mäuserich. Erst gestern haben wir ihn vor dem Bussard in Schutz genommen«, sagte Lisa und erzählte Susi von ihrem Erlebnis mit dem Raubvogel und wie sie Max gewarnt hatten, die Weide zu verlassen.

»Na wenn er glaubt, nicht ohne unseren Käse leben zu können, dann kann ich dir doch morgens nach dem Melken immer ein Stückchen für Max mitgeben«, meinte das kleine Mädchen. »Dann musst du doch genau wie Max den Käse stehlen. Und außerdem, wie soll ich den Käse zum Mauseloch tragen? Ich habe keine Hände und auch keine Taschen?«, wollte Lisa wissen. »Ich muss den Käse doch nicht stehlen. Ich hebe immer ein Stückchen von dem auf meinem Teller auf. Das stecke ich dir ins Maul und du lässt es vor dem Bau von Max fallen. Dort kann er es dann gefahrlos wegnehmen«, sagte Susi. »Das ist eine gute Idee. Ich muss dann nur daran denken, dass ich nicht auf dem Rückweg zur Weide mit den anderen Kühen albere und lache«, erwiderte Lisa.

»Ich werde meinen Freundinnen von deinem Plan erzählen und dann sagen wir Max Bescheid. Danke, Susi«, sagte Lisa und schmunzelte. Danach machte sie sich gemeinsam mit Rosa und Elvira auf den Weg zur Weide. Unterwegs weihte sie ihre Freundinnen in das Vorhaben ein und beide waren begeistert. »Ja, uns gefällt der Plan. Ich hoffe, Max freut sich auch darüber. Wie ich ihn kenne, reizt ihn aber nicht nur der Käse, sondern auch das Abenteuer«, gab Lisa zu bedenken. »Na, wir werden sehen. Vielleicht erwischen wir ihn gleich, wenn wir auf die Weide zurückkommen«, gab sich Rosa hoffnungsvoll.

Auf der Weide angekommen, riefen sie sofort nach Max Mäuserich. Aber Max ließ sich nicht blicken. Also gingen sie direkt vor das Mauseloch und versuchten es erneut. »Max!«, riefen die drei Kühe, aber niemand rührte sich. Sie probierten es noch einmal: »Mahax, Mahax.« Und siehe da, der kleine Mäuserich steckte den Kopf aus seinem Loch und schaute die drei Kühe mit seinen kleinen schwarzen Knopfaugen erstaunt an. Als Lisa und ihre Freundinnen den Mäuserich sahen, war ihnen sofort klar, warum er nicht geantwortet hatte. Aus Furcht, jemand könnte es auf seinen Käse abgesehen haben, als er gerufen wurde, hatte er

das ganze, viel zu große Stück in sein Schnäuzchen genommen. Deshalb konnte er nun weder kauen noch sprechen. Sein Gesicht war durch das große Stück Käse ganz entstellt und seine Wangen waren nicht mehr leicht gerundet, sondern in die Breite gezogen und eckig.

»Nun nimm doch erst mal den Käse raus«, forderte Lisa den Mäuserich auf. Der konnte wegen des großen Stücks in seinem dafür viel zu kleinen Schnäuzchen nicht antworten und sah aus, als würde er gleich ersticken. So nickte er anstelle einer Antwort nur mit dem Kopf und entschwand rückwärts in seinem Mauseloch. Unten in seinem Bau hatte er große Mühe, den Käse aus seinem Schnäuzchen herauszuschaffen. Erst als Max seine Vorderpfötchen zu Hilfe nahm, gelang es ihm endlich. Erleichtert atmete er tief durch und flitzte dann zurück zu den Kühen. Diese warteten schon ungeduldig, weil Max so lange gebraucht hatte, bis er wiederkam.

»Hör mal, Max, erst gestern haben wir dich gewarnt, wie gefährlich es ist, wenn du außerhalb der Weide herumläufst. Willst du denn dem Bussard in die Fänge geraten oder in eine der neuen Fallen, die der Bauer in seinem Käsekeller aufgestellt hat? Er hat schließlich längst bemerkt, dass du noch immer an seinem Käse naschst«, schimpfte Lisa mit dem Mäuserich. Dieser senkte zunächst ganz beschämt den Blick. Erst nach einer Weile brachte er stammelnd hervor:

»Der Käse in dem Keller schmeckt mir doch so gut und auf der Weide gibt es nichts, was auch nur annähernd so lecker wäre. Deshalb bin ich gestern Abend, als es schon dunkel war, in den Keller gelaufen. Dort habe ich mich satt gegessen und bin danach dummerweise eingeschlafen. Als ich aufgewacht bin, war es schon hell. Erst habe ich befürchtet, ich müsste mich den ganzen Tag dort hinter einem großen Käselaib verstecken, bis es wieder dunkel wird. Als ich euch dann im Gemüsegarten gehört habe, bin ich dann doch rasch losgelaufen und in meinen Bau geflitzt.«

»Du bist doch unverbesserlich. Wie kann man denn, nur weil etwas besonders gut schmeckt, sein Leben riskieren?«, wunderte sich Elvira. Max antwortete nicht darauf und schaute nur verlegen auf den Boden. Nun schaltete sich Lisa wieder ein und erzählte dem Mäuserich, was sie mit Susi vereinbart hatte. Damit war Max einverstanden und versprach, künftig nicht mehr so unvorsichtig zu sein.

Der Tierarzt kommt auf den Hof

In diesem Moment rief Felix die Kühe zurück zum Bauernhof, weil der Tierarzt gekommen war. Der Doktor untersuchte die Tiere von Bauer Gruber regelmäßig und gab, wenn dies erforderlich war, eine Medizin, damit sie alle gesund blieben. So verabschiedeten sich Lisa, Rosa und Elvira von dem Mäuserich und trotteten murrend hinter dem Bauernsohn her.»Wie ich das hasse, wenn der Doktor mich untersucht. Oft zwickt und pikst das«, schimpfte Lisa.»Uns geht das genauso«, pflichteten Rosa und Elvira bei.»Na, so schlimm wird das doch nicht sein«, rief da jemand über ihren Köpfen.»Hallo Sibylle«, sagte Lisa, als sie die Libelle über sich kreisen sah.»Du weißt doch gar nicht, wie so eine Untersuchung beim Tierarzt ist. Da kannst du auch nicht wissen, ob das schlimm ist oder nicht. Na, schlimm ist es nicht, aber sehr unangenehm«, erklärte sie der Libelle.»Ihr wollt doch aber gesund bleiben und da ist es sicher nötig, dass euch der Doktor regelmäßig untersucht«, meinte Sibylle.»Da hast du schon recht, aber schön ist es trotzdem nicht«, meldete sich Elvira zu Wort.»Außerdem sind wir gerade erst auf die Weide gegangen. Und nun müssen wir, ohne ausgeruht zu haben, schon wieder zurück«, bemerkte Rosa.»Das geht sicher rasch vorbei und dann könnt

ihr ja eurer Lieblingsbeschäftigung nachgehen und in der Sonne dösen«, sagte Sibylle und kicherte vor sich hin. »Trotzdem wäre ich froh, wenn ich die Untersuchung schon hinter mir hätte«, murrte Lisa. »Aber sag mal, Sibylle, warum nennt sich der Doktor eigentlich Tierarzt? Ich habe noch nie gesehen, dass er außer Kühen auch andere Tiere untersucht. Oder war er auch schon bei dir?«, wollte Lisa wissen. »Nein, zu mir muss er nicht kommen, weil ich immer gesund bin. Aber das ist eine gute Frage. Eigentlich könnte er sich doch Kuh-Arzt nennen. Ich habe bisher auch immer nur gesehen, wie er Kühe untersucht hat. Wahrscheinlich kennt er sich mit euch am besten aus, antwortete die Libelle. »Dann hat er wohl auch nicht so viel studieren müssen, als wenn er Arzt für alle Tiere wäre«, gab Rosa zu bedenken. »Ja, wahrscheinlich hat er Kuhologie studiert, weil er sich so gut mit uns auskennt«, stimmte Elvira zu. »Na, ich weiß nicht, ob es so etwas gibt. Kuhologie hört sich irgendwie komisch an«, gab sich Lisa skeptisch.

Und während die drei Freundinnen und Sibylle weiter über das Studium des Tierarztes diskutierten, hatten sie auch schon den Bauernhof erreicht. Während Sibylle sich verabschiedete und davonschwirrte, marschierten die Kühe der Reihe nach, und nicht mit Gedrängel wie vor dem Melken, in den Stall. Die Untersuchung durch den Tierarzt ging dann auch schneller und mit viel weniger Zwicken und Piksen als befürchtet vorüber. Dann endlich konnten Lisa und ihre Freundinnen zurück auf ihre Weide gehen, wo sie sich erst einmal ausruhen und mit frischem Gras und fettem Klee stärken konnten.

»Das tut so gut«, dachte Lisa, als sie sich auf der Weide ausstreckte und die Strahlen der warmen Sonne genoss. Dabei rupfte sie hier und da etwas Gras und Klee und kaute darauf herum. »Hoffentlich wird der Tag nicht wieder so aufregend wie gestern«, überlegte sie und ließ noch einmal all das, was sie seit dem Morgen des vorigen Tages erlebt hatte, in ihrem Kopf an sich vorbeiziehen. Und während die Bilder so vorbeizogen, schlief sie allmählich ein.

Das Kuhmonster

Doch die Ruhe dauerte nicht lange. Lisa kam es vor, als hätte sie gerade erst die Augen zugemacht, als Elvira sie ungeduldig anstubste und ganz aufgeregt verkündete: »Der Bauer will offenbar einige von uns schlachten lassen.« Lisa fühlte sich wie vom Donner gerührt. »Was sagst du da? Wie kommst du denn darauf?«, fragte Lisa entsetzt. »Die Maria war eine der Letzten bei der Untersuchung und sie hat gehört, wie der Tierarzt und der Bauer darüber gesprochen haben«, berichtete Elvira und hörte sich dabei ganz kläglich an. Unterdessen war auch Rosa zu den beiden gestoßen.

»Maria erzählt gerade den anderen, was sie gehört hat«, sagte Rosa und zeigte mit dem Kopf in Richtung einer Gruppe von Kühen, die in einiger Entfernung von den drei Freundinnen standen.

Ganz benommen und durcheinander versuchte Lisa nun endlich aufzustehen. Doch das bereitete ihr mehr Mühe als jemals zuvor. Vor lauter Schreck und Angst zitterten ihre Beine. Selbst als sie endlich stand, hätte sie sich am liebsten gleich wieder hingelegt, weil ihre Knie ganz weich waren. Verängstigt und verwirrt schauten sich die Kühe an und wussten zunächst einmal nicht, was sie tun oder sagen sollten. Doch nach einer Weile hatte sich zumindest Lisa wieder etwas gefasst und verkündete ihren Freundinnen kämpferisch:»Das lassen wir uns nicht gefallen. Wir müssen etwas dagegen unternehmen.« Sofort stimmten Rosa und Elvira zu, hatten aber vorerst noch keine Vorstellung davon, was sie tun sollten.»Ich kann mir das nicht vorstellen, dass unser Bauer uns schlachten lassen will«, bemerkte Elvira.»Ich eigentlich auch nicht«, meinte Lisa.»Aber wir müssen uns überlegen, wie wir verhindern können, zum Schlachthof geschickt zu werden, wenn Maria richtig gehört haben sollte.« »Wir können uns das nicht so einfach gefallen lassen. Schließlich bringen wir dem Bauern jeden Tag unsere Milch. Da kann er uns doch nicht einfach schlachten lassen«, schimpfte sie.»Ich schlage vor, dass jede für sich jetzt nachdenkt, wie wir verhindern können, dass auch nur eine von uns geschlachtet wird.« Damit waren Rosa und Elvira einverstanden. Sie zogen sich jede ein Stück zurück, legten sich ins Gras und grübelten.

»Was macht ihr denn alle für lange Gesichter?«, rief da plötzlich jemand und kam summend näher.»Hallo Sabine«, rief Lisa der Biene entgegen.»Vielleicht hast du ja eine Idee, wie wir uns dagegen wehren können, geschlachtet zu werden.« »Das glaube ich nicht«, rief Sabine entsetzt. Vor Schreck standen ihr sämtliche Härchen zu Berge.»Da muss ich auch erst mal überlegen, aber ich kann mir nicht vorstellen, dass euer Bauer auch nur eine von euch schlachten will«, sagte

sie. Und dann verfiel auch die Biene in Schweigen und überlegte, wie sie den Kühen helfen könnte.

»Ich glaube, mir ist etwas eingefallen«, meldete sich Lisa zu Wort. »Na sag schon, was denn«, riefen Rosa, Elvira und Sabine wie im Chor. »Ich habe mal gehört, Menschen hätten immer Angst vor Monstern. Wie wäre es, wenn wir Monster spielen. Wir tun so, als wenn wir Monster wären«, verkündete sie ihren verblüfften Freundinnen. »Aber wie wollt ihr das denn machen?«, fragte Sabine. »Wir können uns doch nicht in Monster verwandeln«, meinte Elvira skeptisch. »Das verstehe ich nicht. Ich bin doch eine Kuh und Kein Monster«, pflichtete Rosa bei. »Ihr sollt euch ja auch nicht verwandeln. Aber wenn wir im Dunkeln, wenn alle Menschen schlafen, so richtig schaurig muhen, dann hört sich das bestimmt sehr gruselig an«, gab sich Lisa sehr optimistisch. Und dann verkündete sie Sabine und ihren Freundinnen ihren Plan. »Wenn es heute Abend dunkel ist und im Bauernhaus die Lichter schon eine Weile gelöscht sind, dann schleichen wir uns vorsichtig zum Hof. Immer eine kleine Gruppe von Kühen geht dann neben der Scheune auf die Straße vor das Haus unter die Schlafzimmerfenster und beginnt dort ganz schaurig und gruselig zu muhen und kehrt dann rasch um die Ecke hinter die Scheune zurück. Dann kommt die nächste Gruppe und so weiter, bis alle durch sind. Danach kehren wir auf die Weide zurück.«

Sabine und Lisas Freundinnen schwiegen eine Weile. Doch dann grinsten sie wie Honigkuchenpferde. »Das ist eine prima Idee«, meinte Sabine. »Ich glaube, das wird dem Bauern einen gehörigen Schrecken einjagen«, stimmte nun auch Rosa zu, während Elvira begeistert mit dem Kopf nickte. »Dann werden wir jetzt die anderen Kühe in unseren Plan einweihen«, sagte Lisa und machte sich, gefolgt von Rosa, Elvira und Sabine, auf den Weg zu der Gruppe, die sich ängstlich um Maria geschart hatte. Nachdem Lisa ihr Vorhaben erklärt hatte, waren alle sofort einverstanden. »Bis es dunkel ist, sollten wir uns jetzt aber ganz normal benehmen, damit niemand schon vorher etwas merkt«, mahnte Lisa. »Ich werde mich jetzt wieder auf meinen Lieblingsplatz legen und überlegen. Vielleicht fällt mir noch das eine oder andere ein«, sagte sie und trottete davon.

Aber es war leichter gesagt als getan, sich normal zu verhalten. Je weiter der Tag fortschritt, desto unruhiger und nervöser wurden die meisten Kühe. Und so war Lisa froh, als es endlich richtig dunkel wurde. Sie rief die anderen Tiere zusammen und öffnete wie vor ihrem Besuch bei den Kuhsinen das Gatter. Dann gingen die Kühe vorsichtig in einer langen Reihe, nicht mit Gedrängel und Gemuhe wie vor dem Melken, in Richtung Bauernhof. Tatsächlich waren, als sie dort ankamen, die Lichter alle gelöscht. Flüsternd ermahnte Lisa die anderen, sich ganz still zu verhalten und vorsichtig bis neben die Scheune zu gehen.

Hier angekommen, stellte Lisa die einzelnen Gruppen zusammen und schickte eine nach der anderen vor das Haus, wo die Kühe ein gar gruseliges Gemuhe erschallen ließen. Durch die enge Dorfstraße hallte es so schaurig Muh, Muhuhu, Muh, Muhuhu, Muhuhuhu, als triebe tatsächlich ein Monster sein Unwesen. So dauerte es auch nicht lange, bis die ersten Lichter in den Bauernhäusern angingen und neugierig die Köpfe aus den Fenstern gestreckt wurden. Doch die Kühe waren darauf vorbereitet gewesen und verschwanden, sobald ein Licht eingeschaltet wurde, flink hinter der Scheune, wo sie sich versteckten. Kaum waren die Lichter jedoch wieder aus, begann das gruselige Muhen von Neuem. Natürlich hatte der schaurige Lärm auch Bauer Gruber geweckt. Verärgert über die Störung seiner Nachtruhe sprang er aus seinem Bett und rannte vor das Haus. Dort fand er aber niemanden, der für den Lärm verantwortlich hätte sein können. Verdutzt schaute er erst nach links und dann nach rechts, konnte jedoch nichts und niemanden sehen. »Das ist ja merkwürdig, ich bin mir sicher, dass ich meine Kühe gehört habe«, dachte er. Vorsichtig schlich er sich noch bis zur Ecke und warf einen Blick auf den Platz neben der Scheune. Aber auch dort war nichts zu sehen. »Das ist ja richtig gruselig, dieses laute Muhen und dabei ist nirgendwo jemand zu sehen«, murmelte er vor sich hin. Und weil er nicht nur vor Kälte allmählich eine Gänsehaut bekam, beeilte er sich, rasch wieder in sein Bett zu kommen.

Lisa und die anderen Kühe warteten derweil hinter der Scheune. Als rundherum alles wieder ruhig zu sein schien, machten sich die Tiere auf den Rückweg zu ihrer Weide, wo sie den Rest der Nacht nach dem aufregenden Monsterspiel ziemlich unruhig schliefen. Zudem kehrte nun auch die Furcht, die eine oder andere von ihnen könnte trotz des Monsterspiels geschlachtet werden, wieder zurück.

So war es auch kein Wunder, dass sich die Kühe am nächsten Morgen auf dem Weg zur Melkstation ungewöhnlich ruhig verhielten. Es gab kein Gealbere, kein Gelächter und auch kein Gedränge. Stattdessen machten die Tiere recht traurige Gesichter, dass die kleine Susi gleich nach dem Melken auf Lisa zukam und fragte: »Was ist denn mit euch los? In der Nacht habt ihr mir Angst gemacht. Ich dachte schon, ein großes Monster wäre ins Dorf gekommen. Und jetzt zieht ihr Gesichter wie drei Tage Regenwetter«, wunderte sich das Mädchen. »Ich verstehe gar nicht, was du meinst«, gab sich Lisa ahnungslos. »Ach Lisa, du brauchst dich nicht zu verstellen. Ich habe euch doch gesehen, als ihr heimlich zur Weide zurückgelaufen seid. Ich habe zwar kein Licht eingeschaltet, dafür konnte ich euch aber umso besser sehen.« »Na, wenn sie uns ohnehin gesehen hat, muss ich ihr wohl erzählen, warum wir in der Nacht Monster gespielt haben«, dachte Lisa bei sich. Und so berichtete sie Susi, was Maria aus einem Gespräch zwischen dem Tierarzt und

Bauer Gruber aufgeschnappt, dann auf der Weide erzählt und damit allen Kühen gewaltige Angst eingejagt hatte. »Ach Lisa, da hat sich die Maria aber ganz schlimm verhört. Wir wollen keine von unseren Kühen schlachten. Wer sollte uns denn dann die Milch liefern, mit der wir unseren Käse herstellen?«, beruhigte Susi die Kuh. Derweil waren auch Rosa und Elvira hinzugekommen und man hätte beinahe hören können, wie ihnen vor Erleichterung große Steine vom Herzen fielen. »Oh Susi, am liebsten würde ich dich jetzt ganz fest umarmen. Aber leider geht das ja nicht, weil ich auf meinen vier Beinen stehe«, sagte Lisa. »Ich bin ja so froh, dass wir jetzt keine Angst mehr haben müssen.« »Na, dann halte eben deinen Kopf nach unten, dass ich dich umarmen kann«, erwiderte Susi und drückte lieb Lisas Hals.

Doch als die Kuh ihren Kopf wieder hob und zufällig einen Blick in Richtung des Bauernhauses warf, fing sie an zu prusten und dann lauthals zu lachen. »Hahaha, Muhuhu«, machte Lisa, während ihre Freundinnen und Susi sie verblüfft anschauten. Doch dann blickten sie in die gleiche Richtung wie Lisa und im Handumdrehen ertönte schallendes Gelächter. »Das sieht doch zu komisch aus«, brachte Lisa noch immer prustend vor Lachen hervor. »Schaut doch nur, wie Amadeus im Takt der Musik mit seinem Kopf schaukelt. Und dabei hat er auch noch die Augen geschlossen. Das ist mir ein schöner Wachhund«, meldete sich

nun Rosa zu Wort. Da lag Amadeus auf einem seiner Lieblingsplätze direkt neben dem Haus. Auf seinen Ohren trug er Kopfhörer und zwischen den Pfoten lag ein kleines Kästchen. »Nachdem ihr neulich herumgealbert habt, hat er mich ständig genervt, weil er euch beweisen wollte, dass es wirklich einen Wau-Pott gibt«, sagte Susi. Deshalb habe ich ihm nun versprochen, dass er immer am Vormittag für ein paar Stunden meinen iPod haben darf. Wenn der Briefträger da war, hole ich ihn mir wieder. Damit haben beide etwas davon. Amadeus kann Musik hören und der Briefträger kann in Ruhe die Post abliefern.« Das ist eine gute Lösung«, stimmte Lisa dem Mädchen zu und ihre Freundinnen nickten mit dem Kopf.

Auf dem Rückweg zur Weide sprach sich in Windeseile die Nachricht herum, dass Maria sich verhört hatte. Alle Kühe waren erleichtert und freuten sich, dass keine von ihnen zum Schlachthof musste und im Handumdrehen herrschte wieder fröhliche Stimmung. Die Tiere schwatzten, alberten und lachten wieder, wie immer auf dem Weg vom oder zum Melken.

Fido sucht seinen verlorenen Punkt

Doch noch ehe sie die Weide erreichten, kamen ihnen die Libelle Sibylle und die Biene Sabine entgegengeflogen. »Hallo Lisa, Rosa und Elvira. Es ist etwas Schlimmes passiert«, rief ihnen Sabine ganz aufgeregt entgegen. »Oje, was ist denn nun wieder los?«, wollte Lisa wissen. »Stellt euch vor, der kleine Marienkäfer Fido hat einen Punkt verloren und nun weint er bitterlich. Wir haben uns ja schon umgesehen, aber gefunden haben wir den Punkt nicht«, klagte Sibylle. »Könnt ihr uns beim Suchen helfen?«, fragte sie die drei Freundinnen. »Das ist doch selbstverständlich«, antwortete Lisa.

Derweil hatten sie das Gatter zur Weide erreicht. Dort saß auf einem Zaunpfahl der kleine Marienkäfer und weinte. »Aber Fido, sei nicht so traurig. Wir alle werden dir jetzt helfen, deinen verlorenen Punkt zu suchen. Aber zuerst musst du uns sagen, wo du heute früh schon überall warst, damit wir wissen, wo wir suchen müssen«, versuchte Lisa ihn aufzumuntern. »Ich weiß es doch nicht mehr«, brachte Fido zwischen ein paar Schluchzern hervor. »Das kann ich mir vorstellen«, meldete sich Sabine zu Wort. Schließlich ist er wieder kreuz und quer über die ganze Weide getollt.«

»Oje, dann müssen wir wohl die ganze Weide ab-
suchen«, stöhnte Lisa. Und damit machte sie sich gemeinsam mit Rosa, Elvira, Sabine und Sibylle ans
Werk. Um besser erkennen zu können, was auf dem
Boden lag, senkten die drei Kühe den Kopf ganz weit
nach unten, um mit den Augen möglichst dicht über
dem Boden zu sein. Schließlich konnte man so einen
Punkt vom Flügel eines kleinen Marienkäfers nur
schwer erkennen. So gingen sie langsam, den Blick
aufmerksam auf den Boden gerichtet, vorwärts. Als
Lisa auf die Hummeln Brummel und Grummel traf,
grüßte sie: »Hallo ihr beiden. Könnt ihr uns helfen?
Fido hat einen Punkt verloren und ist jetzt ganz traurig.« »Aber klar doch«, brummelten und grummelten
sie und schwirrten sogleich dicht über dem Boden
davon, um den Punkt zu suchen.

Unterdessen platzte die Spinne Gisela fast vor
Neugier. Sie konnte zwar sehen, dass die Kühe, die
Hummeln, die Biene und die Libelle etwas suchten,
doch bis jetzt hatte ihr niemand verraten, nach was.
»Mir sagen sie mal wieder nicht, was los ist. Immer
werde ich ausgeschlossen«, schimpfte sie vor sich hin.
Umso mehr fühlte sie sich geschmeichelt, als Lisa sie
ansprach und fragte, ob sie nicht mitsuchen könnte.
»Aber sicher«, versprach Gisela und freute sich, dass
sie nun auch eingeweiht war. Mittlerweile halfen auch
der Maulwurf Gregor, Max Mäuserich, viele kleine
Käfer, die auf der Weide lebten, und selbst die Regen-

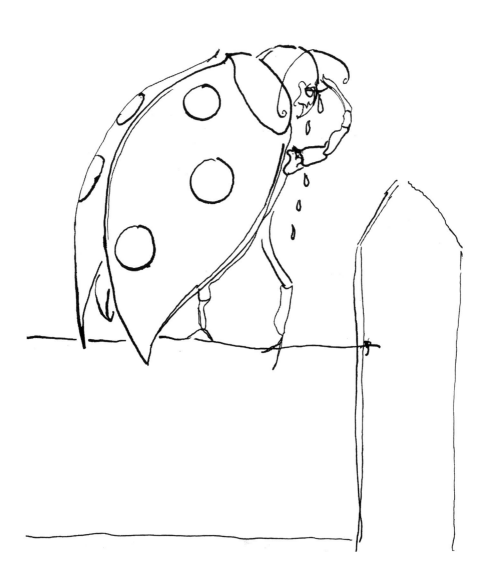

würmer waren aus ihren Löchern gekrochen, um beim Suchen zu helfen. Aber der Punkt blieb verschwunden.

So war es nicht verwunderlich, dass die vielen Helfer ganz enttäuscht dreinschauten, als Fidos Mama Florentine, die einige Besorgungen erledigt hatte, zurückkam. »Was ist denn hier los?«, wollte sie wissen. »Warum macht ihr denn alle so lange Gesichter?« »Weißt du, Florentine, der kleine Fido ist ganz traurig, weil er einen Punkt verloren hat. Wir haben alle danach gesucht, ihn aber nicht finden können«, berichtete Lisa der Marienkäfermama. »Aber Lisa, Flori kann doch gar keinen Punkt verlieren. Was hat er euch da nur für einen Bären aufgebunden. Er könnte höchstens einen Punkt verlieren, wenn ein Stück von einem seiner Flügel abbricht, aber das ist doch wohl nicht passiert?«, fragte sie in die Runde der vielen Helfer. Die schauten sich betreten an und schüttelten dann mit dem Kopf. »Wo steckt Flori denn eigentlich? Hat er nicht einmal mitgesucht?«, wollte Florentine wissen. »Er sitzt auf einem Zaunpfosten neben dem Weidegatter und weint«, sagte Lisa.

»Dann wollen wir einmal sehen, was wir tun können, um ihn wieder aufzumuntern«, verkündete Florentine und machte sich auf den Weg zu ihrem Sohn. »Fido, was machst du denn für Sachen?«, rief sie ihm entgegen. »Wie kommst du denn darauf, dass du einen Punkt verloren hättest?«, fragte sie. Fido schniefte und sagte dann: »Als ich vorhin den Frosch Plitschplatsch besu-

chen wollte, konnte ich mein Spiegelbild im Wasser sehen. Und da hat ein Punkt gefehlt.«»Aber Fido, du kannst doch im Wasserspiegel nicht deine ganzen Flügel erkennen. Du siehst darin doch höchstens ein kleines Stück deiner Flügel. Und soweit ich sehe, hast du nach wie vor auf jedem davon drei Punkte«, sagte Florentine.»Ehrlich, Mama?«, rief Flori und schniefte noch einmal.»Natürlich, denkst du etwa, ich schwindele dich an?«, erwiderte sie. Flori war überglücklich.»Und ich dachte, ich hätte wirklich einen Punkt verloren. Wie kann ich das nur wiedergutmachen. All unsere Freunde auf der Weide haben versucht, mir zu helfen«, sprudelte es aus ihm heraus.»Ich glaube, gutmachen kannst du das gar nicht. Aber unsere Freunde haben dir gern geholfen. Nur solltest du in Zukunft erst genauer hinschauen oder erst fragen, bevor du alle in Aufregung versetzt«, entgegnete seine Mama. Lisa, Rosa, Elvira, die Biene Sabine und die Libelle Sibylle, die nach Florentine auch zum Gatter gelaufen waren, freuten sich mit Flori. Und auch sie versicherten dem kleinen Marienkäfer, dass er bei ihnen nichts gutmachen müsse.»Guten Freunden hilft man doch gern, auch wenn du dich einmal geirrt hast«, sagte Lisa.

Und während Flori und Florentine sich noch einmal bei allen für ihre Hilfe beim Suchen bedankten und sich danach auf den Heimweg machten, wollten die drei Kühe nichts anderes, als sich nach dem aufregenden Vormittag ausruhen. Sabine hatte es dagegen eilig. Vor lauter Suchen war sie nicht dazu gekommen, Nektar zu sammeln. Deshalb musste sie sich nun beeilen, um bis zum Abend noch genug zusammenzubekommen. Sibylle wollte sich nur ein wenig in der Gegend umschauen. Lisa und ihre Freundinnen suchten dagegen jede für sich ihren Lieblingsplatz auf der Weide auf. Dort legten sie sich bequem zurecht, dösten in der warmen Sonne und mampften frisches Gras und fetten Klee.

Erst spät am Nachmittag erhoben sich Lisa, Rosa und Elvira und trotteten gemeinsam wieder zum höchsten Punkt der Weide, von wo aus sie das Rauschen, Sausen, Brausen und Zischen der Fahrzeuge auf der nahen Autobahn hören konnten. »Meint ihr, die fahren wirklich alle nach Italien?«, fragte Rosa. »Ich weiß nicht«, antwortete Lisa. Aber Sibylle hat mir erzählt, dass die Autobahn nach Italien, aber auch zurück führt. Und manchmal, sagt Sibylle, wollen so viele Autos nach Italien, dass nicht genug Platz auf der

Straße ist. Dann fahren sie nicht mehr, sondern stehen oder kommen nur ganz langsam vorwärts. Vielleicht sind die Autos aber genauso dumm wie einige von unseren Kühen, die versuchen zu dritt oder viert auf einmal durch die Tür zu gehen. Und dann verstopfen sie für alle anderen den Weg. »Das ist aber dumm, dann brauchen wir erst gar nicht versuchen, nach Italien zu kommen«, meinte Elvira. »Wenn die Autos den Weg verstopfen, kommen wir doch auch nicht mehr durch.« »Ach Elvira, wenn wir in Italien Urlaub machen wollen, müssen wir doch nicht auf der Autobahn laufen. Für uns ist doch daneben auf den Wiesen und Feldwegen genug Platz«, erwiderte Lisa. »Außerdem müssen wir uns das erst einmal gründlich überlegen. Denkt nur an die hohen Berge. Glaubt ihr, wir könnten es schaffen, darüber hinwegzuklettern?« fragte sie ihre Freundinnen. »Sibylle hat doch auch erzählt, dass manche Menschen am Straßenrand stehen und winken, bis ein Auto anhält und sie mitnimmt. Das könn-

ten wir doch auch versuchen«, gab Rosa zu bedenken. »Aber Rosa, wie soll das denn funktionieren?«, fragte Lisa. »Du kannst doch genauso wenig winken wie Elvira und ich. Oder willst du etwa mit dem Schwanz wedeln wie Amadeus? Ich kann mir auch nicht vorstellen, dass ein Mensch mit seinem Auto Kühe mitnehmen würde. Außerdem passt ja nicht einmal eine von uns in so ein Auto.« »Aber mit so einem großen Lastwagen, wie er manchmal ins Dorf kommt, müsste es doch funktionieren«, dachte Elvira laut vor sich hin. Doch mitten in ihre Überlegungen hinein riefen Felix und Susi die Tiere zum Melken. Und so trotteten Lisa, Rosa und Elvira erst einmal mit der gesamten Herde zum Hof, um dem Bauern ihre Milch abzuliefern.

Als sie danach wieder auf der Weide angekommen waren, sagte Lisa zu ihren Freundinnen: »Wir müssen ja nicht heute oder morgen Urlaub in Italien machen. Wir haben schließlich viel Zeit, uns erst einmal gründlich zu überlegen, wie wir das anstellen könnten.« »Damit hast du auf jeden Fall recht«, stimmten Rosa und Elvira ihr zu. »Vielleicht fällt uns ja noch etwas ein, wie wir ganz einfach nach Italien kommen können«, meinte Lisa. Und damit zogen sich die drei Freundinnen jede wieder auf ihren Lieblingsplatz zurück, machten es sich gemütlich und dachten über ihre Urlaubspläne nach. Es musste doch eine Möglichkeit geben, wie sie ohne große Schwierigkeiten nach Italien kommen konnten.

Lisa träumt vom Urlaub in Italien

Als Lisa so dalag und überlegte, wie sie es wohl anstellen könnten, nach Italien zu reisen, um dort Urlaub zu machen, fiel ihr ein, dass keine von ihnen, weder sie selbst noch Rosa oder Elvira, daran gedacht hatte, wie sie unterwegs ihre Milch loswerden könnten. Wer sollte sie melken? Und hoffentlich gab es auf der langen Reise auch überall genügend frisches Gras und fetten Klee. Schließlich wollte sie nicht verhungern, bevor sie einmal in ihrem Leben nach Italien und an das Meer kam. »Aber ins Wasser werde ich auch dort nicht gehen. Das Erlebnis am Teich von Frosch Plitschplatsch, als ich beinahe ertrunken wäre, hat mir für alle Zeiten gereicht«, dachte sie.

Doch während sie so nachdachte, wurde Lisa immer müder und allmählich übermannte sie der Schlaf. Auch wenn sie immer wieder versuchte, munter zu bleiben, fielen ihre Augen dann doch irgendwann zu. In ihrem Kopf aber arbeitete es weiter. Und so begann Lisa zu träumen.

In ihrem Traum wachte sie lange vor dem ersten Hahnenschrei auf. Es war noch ganz finster und sie hatte Mühe, etwas zu erkennen. Doch allmählich gewöhnten sich ihre Augen an die Dunkelheit. Vorsichtig stand sie auf und schlich sich zu Rosa und

Elvira. Sie stupste beide an, bis sie wach waren, und stahl sich dann gemeinsam mit ihren Freundinnen, still und leise wie Diebe, zum Gatter der Weide. Behutsam, damit keine der anderen Kühe geweckt wurde, öffnete Lisa das Tor und im Handumdrehen waren die drei draußen. Rasch klinkten sie den Riegel am Gatter wieder ein, damit niemand merkte, dass es zwischenzeitlich geöffnet worden war, und machten sich auf in Richtung der Autobahn. Keine von ihnen war zwar jemals dort gewesen, doch das Rauschen und Pfeifen vorbeifahrender Autos war in der Stille des frühen Morgens gut zu hören und wies ihnen den Weg.

Flink und ohne ein Wort zu sagen, damit sie sich nicht in letzter Minute doch noch durch ein Geräusch verrieten, marschierten sie los. Schon bald konnten sie die breite Straße sehen. Bereits zu dieser frühen Stunde waren hier in beiden Richtungen viele Autos unterwegs. Die drei Kühe staunten nicht schlecht, dass diese noch schneller waren als Sabine und Sibylle.

Um nicht gleich aufzufallen, hielten sich Lisa, Rosa und Elvira ein gutes Stück abseits der Straße. Dort marschierten sie zügig über Wiesen und Felder in den langsam erwachenden Tag hinein. Je weiter sie liefen, desto heller wurde es und schließlich lachte am Himmel die Sonne. »Ist das nicht herrlich?«, fragte Lisa ihre Freundinnen. »Sogar die Sonne scheint, wenn wir in Italien Urlaub machen wollen.« »Vor allem sieht man jetzt wieder alles und stolpert nicht mehr über

Stock und Stein«, erwiderte Rosa. Und während sie immer weiter in Richtung Süden liefen, fühlten sie sich allmählich auch sicherer, dass niemand sie vorzeitig entdecken würde. Und so zogen sie lachend und schwatzend weiter, bis sie plötzlich vor sich eine Raststätte entdeckten. So etwas hatten sie noch nie gesehen. Staunend blieben die drei Freundinnen stehen und beobachteten aus sicherer Entfernung das Treiben dort. Sie sahen, wie Autos an der Tankstelle vorfuhren, betankt wurden und nach einer Weile weiterfuhren. »Ob das, was die Autos dort bekommen, sie so schnell macht?«, wollte Rosa wissen. »Davon verstehe ich nichts«, antwortete Lisa und Elvira schüttelte den Kopf. »Wir sollten mal probieren, was da aus den Schläuchen kommt, die die Menschen in die Autos stecken. Vielleicht werden wir dann auch so schnell. Dann kämen wir viel früher in Italien an und könnten im Meer baden«, schlug Rosa vor. »Ich glaube nicht, dass uns das guttut, was die Autos bekommen. Das sind doch Maschinen und wir sind lebende Tiere«, bezweifelte Lisa Rosas Vorschlag.

»Ach, schaden kann es ja nichts, wenn ich es mal versuche«, erwiderte Rosa und marschierte vor Lisa und Elvira her auf eine der Zapfsäulen an der Tankstelle zu. Dort schnappte sie mit dem Maul die Zapfpistole. Aber da sie nicht wusste, wie man damit umgeht, fiel diese zunächst auf den Boden. Dabei liefen einige Tropfen Flüssigkeit auf den Boden. Lisa roch

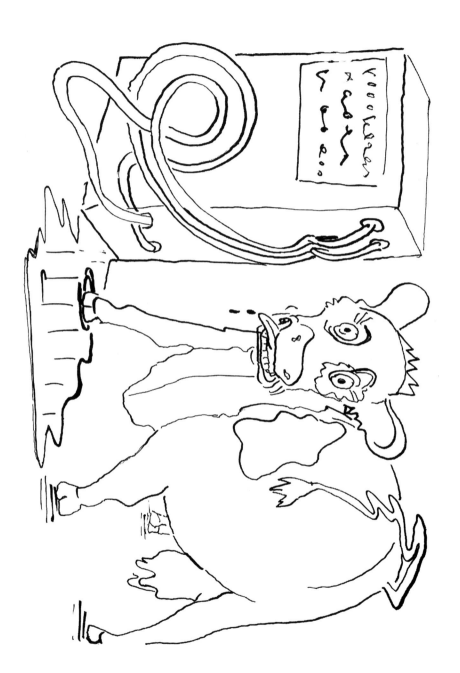

daran und rümpfte die Nase. Doch noch bevor sie Rosa bremsen konnte, hatte diese die Zapfpistole im Maul, aber diesmal so, dass einige Tropfen Diesel über ihre Zunge liefen. Entsetzt über den ekligen Geschmack ließ Rosa diese wieder fallen und ließ ein markerschütterndes »Muh, Muhuhuh« erschallen. Die Autofahrer an der Tankstelle schauten sich verblüfft um. Bisher hatten sie die Kühe noch gar nicht bemerkt. Einige von ihnen ließen entsetzt alles stehen und liegen und ergriffen die Flucht. Andere blieben mit offenem Mund stehen. Aber obwohl Lisa und Elvira große Mühe hatten, nicht laut darüber zu lachen, wie komisch sich die Menschen verhielten, drängten sie Rosa, lieber schnell von der Tankstelle zu verschwinden.

Aber Rosa dachte gar nicht daran. Stattdessen rief sie nur: »Wasser, Wasser.« Dabei schaute sie sich um und entdeckte einen Eimer mit Schwämmen und Scheibenwischer. Doch die Brühe darin, schwarz und voller Reste von Fliegen und Mücken, erschien ihr noch ekliger als die paar Tropfen Diesel, die ihr ins Maul gelaufen waren. Sie ging einige Schritte auf das Gebäude der Tankstelle zu, in der Hoffnung, dort Wasser zu finden. Zufällig kam gerade eine Frau aus dem Waschraum vor der Damentoilette. Durch die geöffnete Tür sah Rosa Wasser aus einem Hahn in ein Waschbecken laufen. Und noch ehe ihre Freundinnen reagieren konnten oder die Frau an der Tür wissen konnte, wie ihr geschah, stürmte Rosa in den Waschraum.

Dabei riss sie fast die Frau um und versuchte an dem Waschbecken Wasser zu bekommen. Doch der Hahn tropfte nur noch und vor lauter Enttäuschung stieß Rosa erneut ein lautes, ärgerliches »Muh« aus.

Derweil war die Frau zum Tankwart gelaufen und schrie: »Hilfe, mich hat ein wilder Stier auf der Damentoilette angegriffen!« Der Mann wollte ihr zunächst nicht glauben, doch als er hinausschaute, sah er zwei Kühe, nämlich Lisa und Elvira, vor dem Waschraum. Sofort griff er zum Telefon und alarmierte die Polizei.

Lisa und Elvira redeten unterdessen auf Rosa ein, doch endlich den Waschraum zu verlassen. Mittlerweile konnte man nämlich schon die Sirenen der Polizeiautos hören. »Du hast jetzt so viel Aufregung verursacht, dass wir schnell verschwinden müssen. Sonst ist unser Italienurlaub gleich hier zu Ende«, schimpfte Lisa. Und endlich sah auch Rosa ein, dass es besser war, zu gehen.

Mit einer Geschwindigkeit, die wohl niemand Kühen zugetraut hätte, rannten die drei Freundinnen vom Tankstellengelände über eine angrenzende Wiese und in einen sich daran anschließenden Wald. Hier holten sie erst einmal tief Luft und schauten sich um, wo sie hier eigentlich waren. Rosa lamentierte indes weiter, weil sie noch immer den ekligen Dieselgeschmack im Maul hatte. »Du brauchst dich gar nicht zu beschweren. Niemand hat dir gesagt, dass du dieses Zeug, das die Autos an der Tankstelle bekommen, probieren sollst«, grummelte Lisa. »Außerdem hast du uns damit alle in Gefahr gebracht. Stell dir nur vor, wenn sie uns dort eingefangen hätten. Mit Urlaub wäre dann nichts gewesen. Und nun gib Ruhe. Irgendwo werden wir schon Gras und Wasser finden, damit du den Geschmack loswirst.«

Und so trotteten die drei Kühe dicht hinter dem Waldrand, aber in Sichtweite der Autobahn, weiter in Richtung Süden. Bald lichtete sich der Wald und vor ihnen breiteten sich Felder und Wiesen aus und sogar ein kleiner Bach floss hier. Rosa konnte nun endlich den Dieselgeschmack aus ihrem Maul spülen und alle stärkten sich mit frischem Gras und kühlem Wasser. Danach wanderten sie weiter, bis sie ein ruhiges Plätzchen hinter einer Gruppe von Bäumen fanden. Hier verbrachten sie die erste Nacht fern der heimischen Weide.

Gut ausgeruht und mit frischem Gras und Wasser gestärkt, marschierten sie am nächsten Morgen und viele Tage lang weiter, bis sie endlich in die Berge kamen. Die Autobahn verschwand hier in einem Tunnel. Ratlos schauten sich Lisa, Rosa und Elvira an. »Da gehe ich nicht hinein«, sagte Lisa und schauderte beim Blick in das große dunkle Loch, in dem die Autos verschwanden. »Aber wie sollen wir sonst weiterkommen?«, fragte Rosa. »Vielleicht können wir einen Lastwagen anhalten und fragen, ob er uns mitnimmt«, schlug Elvira vor. »Nein. Wenn überhaupt einer anhält, bringt er uns nach Hause oder er holt die Polizei«, gab Lisa zu bedenken. »Wir müssen einen anderen Weg über die Berge finden«, sagte sie.

So machten sich alle drei auf die Suche und schon bald hatte Lisa einen schmalen Pfad gefunden. »Hier müssen wir sehr vorsichtig gehen, damit niemand abstürzt«, ermahnte sie ihre Freundinnen. Und so kletterten sie behutsam den engen Weg hinauf. Immer weiter und immer höher führte sie der Pfad, bis sie nach einiger Zeit den Gipfel erreichten. Von dort aus konnten sie auf einmal schon bis weit nach Italien hinein schauen. »Das ist aber schön«, staunte Lisa, als sie den Ausblick genoss. »Wie weit man hier sehen kann«, wunderte sich auch Elvira. »Aber das Meer kann ich nicht sehen«, beklagte sich Rosa. »Bis dahin werden wir noch ein paar Tage laufen müssen«, erwiderte Elvira. Und damit machten sich die drei Kühe an den Abstieg. Sie waren noch nicht weit gekommen, als plötzlich jemand rief: »Was wollt ihr denn hier oben in den Bergen? Wollt ihr uns etwa das spärliche Futter, das wir hier finden, wegfressen?« Verdutzt drehten sie sich in die Richtung um, aus der die Stimme gekommen war. Da standen einige Gämsen beisammen und betrachteten neugierig die Kühe. »Wir wollen euer Futter nicht. Wir wollen in Italien Urlaub machen und das Meer sehen«, antwortete Lisa. »Aber sagt mal, wer seid ihr denn? Tiere wie euch haben wir noch nie gesehen. »Das glaube ich gern«, antwortete das größte der

Tiere.»Wir Gämsen leben nur hoch oben in den Bergen und nicht auf Weiden wie ihr. Und ins flache Land gehen wir niemals.«»Aber wie sollten wir euch denn hier etwas von eurem Futter wegfressen? Hier wächst doch gar nichts. Ich sehe nur nackte Felsen?«, wollte Rosa wissen.»Für uns gibt es hier schon genug. Unser Futter wächst zwar nicht überall, aber weil wir gut klettern können, kommen wir auch an die Pflanzen, die für andere unerreichbar sind«, erklärte die Gams den Kühen.»Aber sicher habt ihr nach dem beschwerlichen Weg hier herauf Hunger und Durst«, meinte sie. Und als Lisa, Rosa und Elvira dazu mit den Köpfen nickten, beschrieb sie ihnen den Weg zu einem Hochtal. Dort sei ein kleiner See mit frischem, klarem Wasser und reichlich Gras rundherum. Allerdings sei es auch von dort noch ein langer Weg bis zum Meer. Lisa und ihre Freundinnen bedankten sich und kletterten nun abwärts zu dem beschriebenen Tal. Von dort zogen sie am nächsten Morgen gestärkt und ausgeschlafen weiter, zunächst die Berge hinunter und dann wieder viele, viele Tage lang durch Wälder, Felder, vorbei an Weinbergen und Olivenhainen, bis sie eines Tages von ferne Wasser glitzern sahen.»Das muss das Meer sein«, riefen sie alle drei wie aus einem Munde. Und sogleich stürmten sie los. Sie rannten und rannten und rannten. Doch das Meer schien überhaupt nicht näher zu kommen.»Jetzt müssten wir doch eigentlich schon am Strand sein, so schnell und weit wie wir gelaufen sind«, beklagte sich Rosa. »Das habe ich auch gedacht, aber offenbar ist die Entfernung doch größer, als wir angenommen haben«, sagte Lisa enttäuscht. »Vielleicht schaffen wir es heute gar nicht mehr bis zum Meer.

Und so setzten die drei Kühe ihren Weg nun wieder gemächlicher fort. Dabei versuchten sie nicht mehr ständig die glitzernde Wasseroberfläche des Meeres zu sehen, sondern betrachteten die Landschaft, die sie durchquerten. Diese sah ganz anders aus als um ihre Weide herum. Als sie sich umblickten, bemerkten sie, dass die Berge hinter ihnen nun unendlich weit entfernt zu sein schienen. Aber auch was hier alles wuchs, wie die vielen Weinstöcke, Olivenbäume und Pinien, bestaunten sie. »Hier ist es aber auch sehr schön«, meldete sich Elvira zu Wort. »Das ist schon richtig«, erwiderte Lisa. »Aber unsere Weide und die schöne Landschaft rundherum möchte ich auch nicht vermissen.« »Wenn unser Urlaub vorüber ist, werden wir unsere gewohnte Umgebung ja wiederhaben«, meinte Rosa. Und während sie so gemächlich dahintrotteten und ihre Eindrücke austauschten, erreichten sie einen kleinen Pinienwald. An dessen rechte Seite grenzte eine Wiese. Vor dieser wiederum erhob sich ein Hügel. Da die Sonne bereits wie ein großer Feuerball allmählich hinter dem Horizont verschwand, schlug Lisa vor, hier eine Rast für die Nacht einzulegen.

Doch wie staunten die drei Kühe, als sie früh am

nächsten Morgen den vor ihnen liegenden Hügel erklommen hatten. An seinem Fuße erstreckte sich ein breiter Sandstrand und dahinter, so weit das Auge sehen konnte, das Meer. Zunächst waren sie völlig überwältigt von diesem Anblick. Unter den Strahlen der aufgehenden Sonne glitzerte und blinkte die Wasseroberfläche wie unzählige Edelsteine. Sie waren so überwältigt von dem herrlichen Anblick, dass keine von ihnen einen Ton sagen konnte.

Nach einigen Augenblicken des Staunens konnten sie aber nicht mehr an sich halten. Endlich hatten sie ihr Ziel erreicht. Sie waren in Italien und am Meer. Lachend und mit lautem Muhen stürmten sie den Hügel hinab an den Strand. Vorsichtig näherten sie sich dem Wasser, wagten sich jedoch noch nicht hinein. »Ich habe manchmal nicht geglaubt, dass wir tatsächlich bis zum Meer kommen«, sagte Lisa ganz andächtig. »Es ist herrlich hier. Schaut nur, wie schön das Meer glänzt und glitzert.« Auch Rosa und Elvira waren ganz angetan, sagten aber nichts, sondern schauten sich nur staunend um. Doch das Staunen und Schauen dauerte nicht lange. Ausgelassen tollten und alberten die drei Freundinnen bald am Strand entlang, bis sie in einen Bereich kamen, der den Tag über von Urlaubern genutzt wurde. Hier waren viele, viele Liegestühle in Reih und Glied aufgestellt und neben jedem, noch zusammengeklappt, ein Sonnenschirm.

Die drei Freundinnen waren begeistert. »Das ist aber sehr aufmerksam, dass für uns schon Liegestühle aufgestellt worden sind. Damit habe ich gar nicht gerechnet«, sagte Lisa und kicherte dazu. »Na, dann wollen wir doch mal ausprobieren, wie es sich in so einem Liegestuhl ausruhen lässt«, meinte Elvira. Und ehe Lisa und Rosa etwas dazu sagen konnten, ließ sie sich in dem ihr am nächsten stehenden Strandmöbel nieder. Aber oh Schreck, kaum hatte sich Elvira auf dem Liegestuhl niedergelassen, da knickte er mit lautem Krachen zusammen. Lisa und Rosa brachen in schallendes Gelächter aus, während Elvira erschreckt und verstört um sich schaute. »Du solltest dich sehen. Das sieht zu komisch aus«, kicherte Rosa. »Schade, dass wir nicht fotografieren können. Wenn wir das unseren Freunden auf der Weide zeigen könnten, die würden sich totlachen«, prustete Lisa. »Ihr habt gut lachen«, grummelte Elvira und erhob sich mühsam aus dem zerstörten Liegestuhl. »Aber wir sollten lieber nicht so laut sein, sonst erwischt uns doch noch jemand und bringt uns auf die Weide zurück«, ermahnte Elvira ihre Freundinnen. »Da hast du recht«, stimmte Lisa ihr zu. Dabei schauten sie sich um und merkten erst jetzt, dass die Liegestühle auf dem Strand vor einigen Hotels aufgestellt worden waren.

Zum Glück war trotz des Lärms, den die drei Kühe veranstaltet hatten, keine Menschenseele zu sehen. Schließlich war es noch sehr früh am Tag und Men-

schen standen, vor allem im Urlaub, viel später auf als Kühe. Als sie sich so umschauten, entdeckten Lisa, Rosa und Elvira aber etwas anderes, das ihre Neugier weckte. Direkt hinter den Liegestühlen, aber ein Stück entfernt von den Hotels, standen mehrere Verkaufsbuden. Vor einigen waren bereits Auslagen, wie Badekleidung, Sonnenbrillen, Strohhüte und vieles mehr, auf Ständern und in Körben vor die Tür gerückt worden.

Vorsichtig machten sich die drei Kühe auf den Weg zu den Buden. Dort angekommen bestaunten sie die Waren, die hier zum Kauf angeboten wurden. Die meisten Dinge, die dort auslagen, kannten sie nicht. Doch Badeanzüge, Sonnenbrillen und Hüte hatten sie auch schon gesehen. »Soll ich den nicht mal anprobieren?«, alberte Rosa und wollte gerade einen Bikini mit dem Maul vom Ständer ziehen. »Wie willst du den denn anziehen?«, wollte Lisa wissen. »Lass das lieber dort hängen, bevor etwas kaputtgeht«. Kaum hatte sie das gesagt, da hatte Elvira ihr eine Sonnenbrille auf die Nase gesetzt. Und während sich Elvira amüsierte, wie lustig Lisa damit aussah, drückte ihr Rosa auch noch einen Strohhut auf den Kopf. »Ihr seid albern«, lachte sie und betrachtete dabei ihr Spiegelbild im Schaufenster der Bude, vor der sie gerade standen. Als sie sich dort sah, konnte sie nicht an sich halten. Obwohl sie eigentlich vorsichtig und leise sein wollten, lachte sie lauthals los und ihre Freundinnen stimmten mit

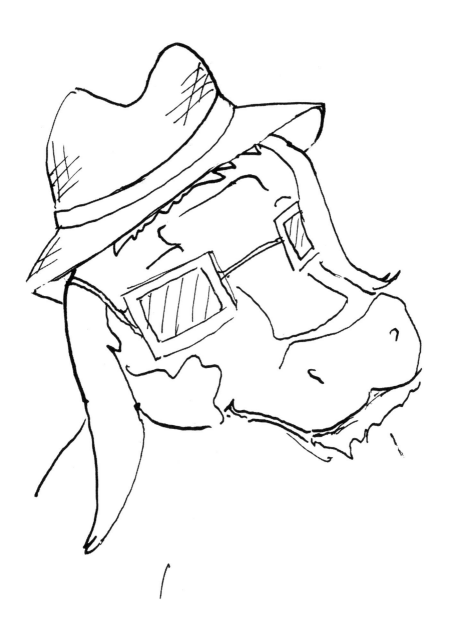

Hahaha und Muhuhu ein. Das ging so lange, bis ihnen die Tränen über die Wangen kullerten und Ihnen vor lauter Lachen die Bäuche weh taten. Schließlich hatten sie sich so weit beruhigt, dass sie die Sonnenbrille und den Hut zurücklegten. Niemand hatte offenbar etwas von dem lauten Treiben der Kühe bemerkt und so schlichen sie sich vorsichtig wieder in Richtung Strand davon.

Auf dem Weg dorthin meinte Elvira: »Wenn wir jetzt schon hier sind, müssen wir aber auch einmal baden gehen.« »Au ja. Los, wir gehen jetzt im Meer schwimmen«, rief Rosa begeistert. Lisa war davon jedoch gar nicht angetan. »Ihr dürft gern ins Wasser gehen. Ich bleibe lieber am Strand und sehe euch zu. Ihr wisst doch, welche Angst ich seit meinem Erlebnis am Teich von Frosch Plitschplatsch davor habe«, lamentierte sie. »Ach, komm schon«, drängten ihre Freundinnen. »Wir passen auch auf dich auf und nehmen dich in die Mitte. Dann kann dir gar nichts passieren«, schlug Elvira vor. Und genauso machten sie es dann auch. Mit Rosa zur Linken und Elvira zur Rechten wagte sich Lisa Schritt für Schritt in das warme Wasser des Meeres hinein.

Aber sie waren erst wenige Meter vom Strand entfernt, als sie plötzlich ein tiefes Grollen und Donnern hörten. Als sie erschreckt aufblickten, rollte eine riesige Welle auf sie zu. Noch ehe die drei Kühe sich umdrehen und auf den Strand flüchten konnten, schwappte ihnen das Wasser ins Gesicht und über die Köpfe. Lisa packte die gleiche Angst wie am Froschteich, als sie kopfüber in diesen hineingefallen war. Sie schnappte nach Luft und strampelte mit den Beinen. Sie schluckte Wasser und prustete, um Maul und Nase wieder frei zu bekommen. Sie hatte Angst, keine Luft mehr zu bekommen. Und während sie darum kämpfte, wieder richtig atmen zu können, wachte sie auf. Verdutzt blickte sie sich um. Zu ihrer Überraschung lag sie auf ihrer Weide und um sie herum tobte ein heftiges Gewitter. Es regnete wie aus Eimern. Es donnerte und am Himmel zuckten Blitze und ließen die Landschaft in gespenstischem Licht erscheinen.

Lisa schüttelte den Kopf und sprang auf die Beine. Ungläubig schaute sie sich um. Sie konnte es gar nicht fassen. Sie war nicht am Strand in Italien. Enttäuscht stellte sie nun fest, dass sie die ganze Zeit lang auf ihrer Weide gelegen und die Reise nach Italien nur geträumt hatte. Aber ein wenig erleichtert fühlte sich Lisa dennoch. Schließlich befand sie sich in ihrer gewohnten Umgebung und nicht in einer riesigen Welle am Strand in Italien. Und als sie sich so umschaute, sah sie im strömenden Regen all die anderen Kühe auf ihrer Weide und nicht weit von ihr standen auch Rosa und Elvira.

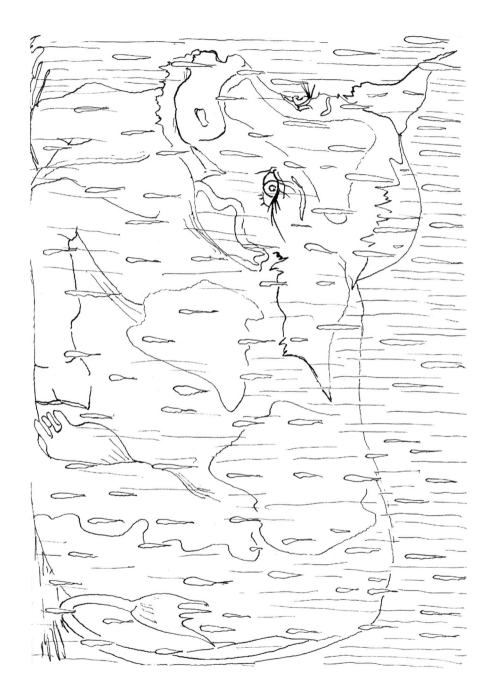